Christopher Schrader

Darwins Werk und Gottes Beitrag

Evolutionstheorie und Intelligent Design

Kreuz

Für Sabine

Inhalt

»Damit die Leute verstehen, worum es in der Debatte geht«
Einleitung: Der Kulturkampf um die Evolutionslehre   7

»Verschwenderisch in der Vielfalt und knauserig in der
Neuerung«
1. Kapitel: Wie Charles Darwin die Evolution der Arten
erklärte – und manches andere nicht   17

»Was ist Darwinismus? Es ist Atheismus«
2. Kapitel: Die Evolutionstheorie trifft bis heute auf den
Widerstand christlicher Fundamentalisten   35

»Kein beiläufiges, bedeutungsloses Produkt der Evolution«
3. Kapitel: Welche Fortschritte die Schöpfungslehre in
Deutschland und Europa gemacht hat   49

»Die Grundeinheit des Eigennutzes« und »die Ziele der
Evolution«
4. Kapitel: Offene Fragen der Forschung führen zu
lautstarken Debatten unter Evolutionsbiologen   59

»Die Schockwirkung der Biochemie für die
Evolutionstheorie«
5. Kapitel: Warum Verfechter von Intelligent Design
den Schöpfer in jeder Zelle entdecken   77

»Evolution ist eine Serie erfolgreicher Fehler«
6. Kapitel: Wie Wissenschaftler die Thesen der
Kreationisten widerlegen   91

»Ein grobes und kindliches Bild von Gott«
7. Kapitel: Warum Intelligent Design und Kreationismus
keine überzeugende Theologie abgeben   107

Blind für die Beweise, taub für die Sorgen
Ausblick: Wie es mit Intelligent Design und der
Wissenschaft weitergeht   121

Anmerkungen   134

Literaturverzeichnis   136

Internetadressen   137

»Damit die Leute verstehen, worum es in der Debatte geht«

Einleitung: Der Kulturkampf um die Evolutionslehre

Der 12. Februar 2007 wird als globaler Festtag in die Geschichte eingehen. An diesem Montag und am Wochenende davor gibt es Partys, Predigten und vielleicht Paraden, die alle Charles Darwin ehren. Die Teilnehmer und Zuhörer beschäftigen sich mit den Aussagen des großen Naturforschers über die Entwicklung der Arten und loten das Verhältnis von Wissenschaft und Religion aus. Hunderte von Kirchengemeinden und Bürgervereinen, Schulen und Universitäten auf der ganzen Welt laden zu Vorträgen über die Evolutionstheorie ein – jedenfalls, wenn der 12. Februar im Jahr 2006 ein Maßstab ist: Da sprach in Anchorage, Alaska, der Universitäts-Professor Arthur Weiner in der Unitarian Universal Fellowship. Das Instituto Antartico Chileno lud in der patagonischen Hafenstadt Punta Arenas zu einem Vortrag des Gelehrten Marcelo Leppe Cartes. Es gab Veranstaltungen in Düsseldorf, Delhi und Denver, in Sydney, San Francisco und Sao Paulo – überall ging es um Charles Darwin. Auch etwa 400 Pfarrer predigten ihren Gemeinden über den Forscher: Reverend Mitchell Brown in Evanston, Illinois, sagte laut *New York Times*, dank Darwin bedürfe es keiner Special Effects mehr, keiner Filmtricks, um an Gott zu glauben. Dieser habe nicht herumzaubern müssen, um der Erde und ihren Bewohnern ihr heutiges Aussehen zu geben, er habe das der Evolution überlassen.

All diese Veranstaltungen hatten den gleichen Anlass: Charles Darwin wäre am 12. Februar 2006 genau 197 Jahre alt geworden. In Europa ist man eher gewöhnt, runde Jubiläen zu feiern, doch Darwin wird seit Beginn dieses Jahrtausends jedes Jahr an seinem Geburtstag geehrt. Es gibt sogar ein Gremium, das die Veranstaltungen koordiniert (www.darwinday.org). Es hat seinen Sitz in den USA, und das ist kein Zufall: Dort herrscht seit Jahrzehnten ein Kulturkampf um die Evolutionstheorie, den Beobachter aus Europa oft als bizarr empfinden. In vielen Bundesstaaten und Schul-Distrikten versuchen Politiker und gläubige Christen das Thema Evolution aus dem Schulunterricht fernzuhalten, Biologie-Bücher mit Warnaufklebern zu versehen oder Darwins Theorie zumindest mit Alternativlehren zu verwässern. Was die Kinder am Sonntag in der Sunday School lernen (Religionsunterricht ist öffentlichen Schulen in den USA per Verfassung verboten), dem sollen die Biologie-Lehrer von Montag bis Freitag bitte nicht widersprechen.

Umfragen zeigen, welch schweren Stand die Evolutionslehre in den USA hat: Insgesamt 40 Prozent der Befragten halten sie dort für »bestimmt« oder »wahrscheinlich« falsch, weitere 24 Prozent sind sich nicht sicher. Im Vergleich dazu haben nur 21 Prozent der Deutschen Bedenken gegen Darwins Theorie, 71 Prozent halten sie für »wahrscheinlich« oder »bestimmt« korrekt. Jeder Zweite in den USA denkt überdies, die Gesellschaft setze zu sehr auf die Wissenschaften und zu wenig auf den Glauben. Vor allem frommen Christen klingt der Satz aus dem alten Testament im Ohr, Gott habe den Menschen »zu seinem Bilde« geschaffen (Gen 1,27). Sie wehren sich daher gegen die Aussage der Wissenschaften, der Mensch habe sich ebenso wie der Schimpanse und alle anderen Organismen aus einer Kette gemeinsamer Vorfahren entwickelt. Bei *Homo sapiens* und *Pan troglodytes* (dem Schimpansen) war deren letztes Glied ein affenartiges Tier in Afrika, aus dem sich sowohl die ersten Vormenschen entwickelten als auch die Vorläufer des Schimpansen – mit dem der Mensch noch heute 98 Prozent des Erbguts teilt.

Konservative amerikanische Politiker reiben sich gern an solchen Aussagen der Wissenschaft und machen sie für alle möglichen Fehlentwicklungen der Welt verantwortlich. Tom DeLay, republikanischer Kongressabgeordneter aus Texas, kommentierte 1999 das Massaker an der Columbine High School in Littleton, Colorado, bei dem zwei Jungen zwölf Mitschüler und einen Lehrer erschossen: »Unser Schulsystem bringt den Jugendlichen bei, dass sie nichts weiter sind als bessere Affen, die sich aus einer Ursuppe evolutioniert haben.« Kein Wunder also, dass Schülern die moralische Verankerung in Grundwerten fehle. Diesen Anker finden viele Menschen im Glauben. Einige nehmen die Bibel einschließlich der Schöpfungsgeschichte in der Genesis absolut wörtlich; in Umfragen sagen 54 Prozent der Amerikaner, so müsse man die Bibel lesen. Viele von ihnen glauben, Gott habe das Universum mit all seinen Planeten und Kreaturen innerhalb einer Woche im Jahr 4004 vor Christus geschaffen. Ihre Auffassung spiegelt sich in der so genannten Schöpfungs-Wissenschaft, die zum Beispiel den Verlauf von Klippen im Grand Canyon als Beleg für die Sintflut vor 4500 Jahren sieht; nach geologischer Lehrmeinung sind die Sandsteinformationen Hunderte von Millionen Jahre alt. Andere Amerikaner vertreten die Meinung, Gott habe im Lauf der Evolution immer wieder eingegriffen, um Körperteile zu formen, die der ungerichtete Prozess der Evolution allein nicht hinbekommen habe: die Geißel von Bakterien oder das System der Biomoleküle, die das Blut bei Kontakt mit Luft gerinnen lassen zum Beispiel.

Aus diesem Gedanken speist sich die Idee des Intelligent Design (ID): Ein »intelligenter Designer« habe in der Entwicklung immer wieder nachgeholfen. Wer dieser Designer sei, könne man heute nicht mehr sagen; letztlich sei es für die wissenschaftliche Aussage auch unwichtig. Denn auch die ID-Bewegung behauptet von sich, sie vertrete eine wissenschaftliche Lehrmeinung – eine mit der Evolutionstheorie konkurrierende wissenschaftliche Lehrmeinung. Ihr intellektuelles Zentrum ist das Discovery-Institute in Seattle, einige ihrer prominenten Vertreter wie Michael Behe und William Dembski sind Professoren, der eine für Biochemie, der andere für Philosophie. Behe hat so genannte nicht-reduzierbar komplexe Systeme in Diskussion gebracht, Elemente von Zellen, die sich angeblich nicht durch eine schrittweise Evolution entwickelt haben könnten. Und auf Dembskis Arbeit geht ein mathematisches Verfahren zurück, mit dem man seiner Meinung nach zwischen ungerichteter Evolution und dem Eingreifen des Designers unterscheiden kann.

Nacheinander haben Vertreter der beiden Lehren versucht, ihr Ideengebäude als Alternative zur darwinschen Evolutionstheorie im Schulunterricht zu etablieren. Der Erfolg war durchwachsen: Wie zuvor schon der Kreationismus haben es Intelligent Design und seine Argumente immerhin in einige Lehrpläne und Rahmenrichtlinien geschafft. Diesen Trend haben hohe Gerichte der USA wirkungsvoll gestoppt, aber das kann die Evolutionskritiker nur daran hindern, ihre spezielle Ausprägung der Schöpfungs-Lehre weiter auf schulischer Ebene zu propagieren. Schon ist erkennbar, dass sich die Gegner der Evolutionstheorie darauf zurückziehen, angebliche Lücken im Gedankengebäude der Wissenschaft aufzuzeigen. Oder sie zitieren Forscher so lange falsch, bis diese sich entnervt wehren – und schon wird daraus ein Streit verschiedener Lehrmeinungen. Diesen Konflikt wiederum müsse man den Schülern nahe bringen, damit sie sich selbst ein Bild machen könnten, heißt es nun schon in vielen Schul-Distrikten. Beistand bekommen die Kritiker der Evolution auch aus dem Weißen Haus. George W. Bush hat einem Reporter gesagt, dass »beide Seiten vernünftig gelehrt werden sollten«. Und auf eine erstaunte Nachfrage, ob er das wirklich so meine, ergänzte der Präsident: »Ja, damit die Leute verstehen, worum es in der Debatte geht.«

Viele Wissenschaftler versuchen die Absurdität dieses Einfalls aufzuzeigen. Mit gleichem Recht könne man in Geschichte die Thesen der Holocaust-Leugner zum Unterrichtsgegenstand machen, argumentierten im Londoner *Guardian* die beiden Evolutionsforscher Richard Dawkins aus Oxford und Jeffrey Coyne aus Chicago. Es gehe doch nicht um einen Meinungsaustausch zwischen ausgebildeten Wissenschaftlern, für den man sich einen freien Fluss der Gedanken wünschen könnte. Stattdessen ist der erste Kontakt umkämpft, den Schüler im Alter von 15 Jahren mit Darwins Ideen haben. Zunächst sollten sie da eine solide Basis an Wissen erwerben – das zumindest ist die Philosophie in allen anderen Schulfächern. Zumal den jungen Leuten eine Debatte zwischen der etablierten Forschung und einer pseudowissenschaftlichen Außenseitermeinung zugemutet wird.

Biologen haben den Sinn der Taktik durchschaut, die die Evolutionsgegner verfolgen. Die Evolutionslehre soll als lückenhaft erscheinen, weil die Wissenschaft womöglich niemals alle Details des Prozesses aufklären kann, der zum Menschen in seiner jetzigen Gestalt geführt hat. Allein dieser Mangel soll dann die »alternative Theorie« plausibel und gültig erscheinen lassen, wie dünn diese nach wissenschaftlichen Kriterien auch immer sei. Der größte Erfolg, den die Gegner der darwinschen Lehre inzwischen verbuchen können, ist eher philosophischer Natur: Sie haben bei vielen Menschen den Eindruck verstärkt, es gebe einen Widerspruch zwischen Wissenschaft und Religion. Nach dem Motto: Du kannst entweder an die Evolutionslehre glauben oder an Gott. Gerade in Bundesstaaten abseits der liberaleren, zumindest aber gebildeteren Küstenregionen der USA stürzt eine derart formulierte Abwägung viele Schüler und ihre Eltern in einen Gewissenskonflikt, den sie zugunsten ihres Glaubens entscheiden.

Etliche Kirchen haben den Gegensatz Wissenschaft–Religion inzwischen zu einer künstlichen Spaltung erklärt, doch er ist mittlerweile so weit verbreitet, dass er Wahlkämpfe prägt. Etwa in Kansas, wo im Herbst 2006 Mandate im staatlichen Schulausschuss neu zu vergeben waren, der eine Rahmenrichtlinie für Lehrpläne festlegt. Dieses Gremium hatte 2005 weltweit Schlagzeilen gemacht, als es Zweifel an der Evolutionslehre zu Streitfragen innerhalb der Forschergemeinde erklärte und ins Curriculum hob. Bei der Definition von Wissenschaft verzichtete das School Board darauf, die Suche auf natürliche Erklärungen einzuschränken. Im Vorwort behauptet es zwar, die neuen Standards propagierten Intelligent Design nicht, viele Argumente dieser Lehre finden sich aber in den Anforderungen für die Klassen 8 bis 12 wieder.

Diese Beschlüsse haben viele Bürger von Kansas so erbost, dass sie die verantwortlichen Mitglieder im Schulausschuss abwählen lassen wollten. Die Gegenkandidaten aber konnten ihre Opposition zu den Standards bei ihren Kampagnen höchstens am Rande erwähnen – aus Furcht, von ihren Gegnern als gottlose Atheisten hingestellt zu werden. So drehte sich der Wahlkampf um zweitrangige Personal- oder Sachentscheidungen, das hoch-politische Thema Evolution wagte kaum einer zu berühren. Trotzdem haben sich die Mehrheitsverhältnisse verändert, wie zuvor schon dreimal seit 1998. Bereits in den Vorwahlen im August verloren genügend der republikanischen Amtsinhaber das Recht, überhaupt zur Wahl im November antreten zu dürfen. Dort standen dann nur noch gemäßigte Republikaner und Demokraten auf dem Wahlzettel – sämtlich Freunde der Evolution.

Von dieser Seite des Atlantik aus könnte man den Konflikt als Besonderheit Amerikas abtun und sich kopfschüttelnd abwenden. Aber das wäre aus zwei Gründen falsch. Erstens gibt es auch in Deutschland und in anderen Ländern Europas Verfechter der Lehre vom Intelligent Design, die versuchen, politischen Einfluss zu gewinnen, mindestens aber ihre Minimalforderungen im Schulsystem durchzusetzen. Einen Präzedenzfall in dieser Hinsicht hat im Jahr 2006 das bayerische Kultusministerium geschaffen: Es hat der fundamentalistischen Sekte »Zwölf Stämme« erlaubt, auf ihrem Gut in Nordschwaben abseits staatlicher Aufsicht ihre eigene Schule zu betreiben und unbequeme Themen wie Sexualkunde und die Evolutionstheorie vom Lehrplan zu streichen. Noch nicht abzusehen ist zudem, wie der deutsche Papst Benedikt XVI. die Position der katholischen Kirche zur Evolutionstheorie verändern wird. Anfang September 2006 hat er mit seinem Schülerkreis, den er seit seiner Zeit als Professor in Regensburg pflegt, auf Castel Gandolfo kritisch über Darwins Lehre diskutiert.

Zweitens ist die Evolutionslehre nach Meinung vieler Beobachter nur der Anfang. Die Lehrmeinungen über die Entstehung von Kohle und Diamanten, über das Erdmagnetfeld, Eiszeiten und den Untergang der Dinosaurier passen auch nicht gut zu einer wörtlichen Auslegung der biblischen Schöpfungsgeschichte. Geologie und Astronomie sind als nächste dran mit ihren Lehren vom Urknall und der Kontinentalverschiebung. Auch die Stammzellforschung ist in den USA bereits Gegenstand eines Streits geworden, der entlang religiös geprägter Linien geführt wird. Später rückt womöglich die Hirnforschung ins Blickfeld, weil einige Forscher sagen, der freie Wille des Menschen sei eine Illusion. Und schließlich, so fürchten manche Forscher, erhebt sich eine neue Art von Inquisition, der sich die Wissenschaften beugen müssen.

Welche Blüten das schon treibt, zeigt eine Geschichte, die sich Anfang 2006 zugetragen hat. Sie handelt von George Deutsch, einem jungen Mann, der für sein Engagement im Wahlkampf von Präsident George Bush mit einem Job in der NASA-Pressestelle belohnt worden war. Deutsch geriet zunächst in die Schlagzeilen, weil er einem prominenten NASA-Forscher bei Äußerungen zu Klimaentwicklung und globaler Erwärmung den Mund verbieten wollte. Diese Aufmerksamkeit löste zweierlei aus. Zum einen kam ans Licht, dass Deutsch in seinem Lebenslauf einen Universitäts-Abschluss angegeben hatte, den er nicht besaß, was ihn schließlich den Job kostete. Zum anderen wurde bekannt, dass Deutsch einen Webdesigner angewiesen hatte, der an NASA-Seiten über Einstein arbeitete, bei jeder Erwähnung des Big Bang, des Urknalls, das Wort »Theorie« einzufügen. Der Urknall ist »keine bewiesene Tatsache; er ist eine Meinung«, zitierte die *New York Times* aus einer E-Mail von Deutsch. »Es ist nicht die Aufgabe der NASA und sollte es auch nicht sein, eine solche Erklärung über die Existenz des Universums abzugeben, die ein intelligentes Design durch einen Schöpfer unberücksichtigt lässt.«

Den Urknall als Theorie zu bezeichnen, ist wissenschaftlich nicht falsch: Es gehört zum Understatement der Forscher, dass sie auch Erkenntnisse, an denen niemand mehr zweifelt, als vorläufig ansehen. Vor allem aber verstehen sie unter einer Theorie eine Formulierung des Wissens, die alle bekannten Fakten elegant zusammenfasst, Vorhersagen erlaubt und so lange gültig bleibt, bis neue experimentelle Fakten sie widerlegen. Für den Laien aber ist eine Theorie etwas ganz anderes: Sie ist kaum besser als eine Spekulation, der man besser nicht viel Vertrauen entgegenbringt. George Deutsch, der in der Pressestelle einer mit Wissenschaft befassten und auf Wissenschaft angewiesenen Behörde arbeitete, hätte diesen Unterschied kennen müssen. Er hat also entweder die verschiedenen Bedeutungen des Wortes gezielt genutzt, oder er ist selbst auf einen Slogan der ID-Szene hereingefallen, die mit dem Motto »Das ist eine Theorie, keine Tatsache« Zweifel an der Evolutionsforschung säen möchte. Denn wo eine Theorie für einen Wissenschaftler das höchste Gut ist, ist es für die religiös motivierten Gegner der Evolutionslehre und anderer Lehrsätze die »Wahrheit«, die ihrem Glauben zufolge nur die Bibel enthält. Und beide Gruppen können mit dem Wort der anderen wenig anfangen. Für die Religiösen ist eine »Theorie« zu beliebig, für die Wissenschaftler »Wahrheit« ein Begriff, der ihre Bemühungen blockiert, die Regeln der Welt immer besser zu verstehen.

Dieses Buch versucht, die wesentlichen Linien dieses Konflikts nachzuzeichnen. Es zeigt den Kampf fundamentalistischer Christen, die ihre Welt nicht entzaubert sehen wollen und deshalb pseudowissenschaftlichen Unsinn verbreiten, ebenso wie die Überzeugung atheistischer Wissenschaftler, dass ihre Arbeit für Gott keinen Platz lässt. Es stellt aber auch die Gläubigen und Forscher vor, die sich nicht als Missionare verstehen, sondern zwischen den unversöhnlichen Maximalpositionen vermitteln. Es erklärt, was die Evolutionslehre eigentlich sagt und wo es noch offene Fragen und wirkliche Konflikte innerhalb der Forschung gibt – in keinem Fall jedoch werden die Grundlagen der Theorie in einem Maß angezweifelt, wie das Kreationisten und ID-Verfechter tun.

Dabei werden wir eine Reihe von Personen mit ihren Meinungen und Aussagen kennenlernen. Eine kleine Besetzungsliste: Auf der Seite der Kreationisten stehen der kürzlich verstorbene Henry Morris, ein Pionier der so genannten Schöpfungswissenschaft, sowie Michael Behe, William Dembski und Phillip Johnson, allesamt wichtige Drahtzieher für die ID-Bewegung im Discovery Institute; der wohl bedeutendste Vertreter der Szene in Deutschland ist Siegfried Scherer von der Technischen Universität München. Auf der anderen Seite stehen wortgewaltige Evolutionstheoretiker wie der Brite Richard Dawkins und sein langjähriger Kontrahent um die Deutungshoheit Stephen Jay Gould. Viele Elemente des heutigen Wissens gehen auf den Deutschen Ernst Mayr zurück, der in den USA die Synthese der Evolutionsforschung mit der Genetik geprägt hat. In den Niederungen des Kampfes gegen die Kreationisten werden wir Eugenie Scott begegnen, der Leiterin des National Center for Science Education, sowie dem Zellbiologen Kenneth Miller; auch die deutschen Evolutionsbiologen Ulrich Kutschera und Axel Meyer kommen zu Wort.

Wir beginnen aber mit Charles Darwin, der selbst lange mit der Evolutionstheorie gerungen hat, bevor er schließlich sein berühmtes Buch *On the Origin of Species* veröffentlichte (Kapitel 1). Aus dem Widerspruch gegen seine Lehre entstand vor allem in Amerika die Bewegung der Kreationisten, die Kapitel 2 beschreibt; dort steht auch, warum gerade die USA zum Zentrum dieser Bewegung geworden sind. Kapitel 3 schildert die Szene in Deutschland und anderen Ländern Europas, die vielleicht weniger Einfluss hat, aber mit dem gleichen Engagement streitet wie die Glaubensgenossen auf der anderen Seite des Atlantik. Auch viele Evolutionsbiologen haben Probleme, Aspekte ihrer Theorie genau zu verstehen – die Diskussionen beschäftigen uns in Kapitel 4. Auf die Themen dieser Debatten haben sich die Anhänger der Lehre vom Intelligent Design begierig gestürzt; von ihren Thesen handelt Kapitel 5. Danach folgen in Kapitel 6 wissenschaftliche Argumente gegen die Behauptungen der Kreationisten und in Kapitel 7 theologische Einwände: Die meisten großen Kirchen haben wenig Probleme mit der Evolutionslehre und glauben, Kreationismus schade eher der Theologie als der Naturwissenschaft. In einem Ausblick am Ende des Buches wollen wir schließlich diskutieren, ob der Konflikt zwischen Religion und Forschung eigentlich unvermeidlich ist.

Dabei gilt eine Spielregel: In den Kapiteln 2 und 5 haben die Kreationisten der verschiedenen Schattierungen Raum, ihre Behauptungen darzulegen, ohne dass jedem Satz gleich widersprochen wird. Eine kleine Auswahl der Thesen, die im Internet, Büchern und Traktaten kursieren, werden durchnummeriert und in Kapitel 6 auf ihren wissenschaftlichen Gehalt abgeklopft. Das trägt den Beschwerden von Kreationisten und womöglich von interessierten Lesern Rechnung, die Argumente der »Wissenschaft von der Schöpfung« würden kaum jemals richtig dargelegt, sie würden immer nur als »Kreuzzug« abqualifiziert.

Dieses Vorgehen mag man aus zwei Gründen kritisieren: Erstens dürfte es für den Leser mit wissenschaftlichen Grundkenntnissen gelegentlich kaum zu ertragen sein, den Behauptungen der Kreationisten nicht sofort zu widersprechen, wenn sie etablierte Wissenschaft verbiegen. Zweitens, und das ist vielleicht wichtiger, erfüllt man damit den Kreationisten einen ersten, lang gehegten Wunsch: Man betrachtet sie als alternative Lehrmeinung, der nach den Gesetzen der wissenschaftlichen Fairness ausgewogen Gehör geschenkt werden sollte. Manche Vertreter der etablierten Wissenschaft sagen sogar, man tappe in eine Falle, wenn man sich mit dem Weltbild der Kreationisten beschäftige, das nur eine Pseudowissenschaft darstelle. Der britische Evolutionsbiologe Richard Dawkins zum Beispiel weigert sich, an Debatten mit Kreationisten teilzunehmen; denen sei es nämlich egal, ob sie gewinnen oder verlieren, es gehe ihnen nur um den »Sauerstoff der Aufmerksamkeit«, wie Dawkins das nennt. Doch auch wenn sich die Ansichten der Kreationisten im Kreis drehen, wollen wir wenigstens erfahren, wie diese Weltanschauung aufgebaut ist. Außerdem ist es unrealistisch anzunehmen, die Evolutionskritiker würden einfach verschwinden, wenn man sie ignoriert.

Zuletzt ein Hinweis zur Quellenlage. Sehr viele Diskussionsbeiträge und Bücher zum Thema sind nur auf Englisch erschienen; Zitate daraus wurden vom Verfasser dieses Buches übersetzt. Ein Kennzeichen dafür ist meist, dass der Buchtitel auf Englisch angegeben wird. Das gilt auch für Darwins *Origin of Species* und andere Bücher des Naturforschers. Hier gibt es natürlich deutsche Übersetzungen, aber erstens beruht sie beim Hauptwerk nicht auf der ersten, sondern einer Folgeauflage des Werks, in der Darwin schon einige charakteristische Änderungen vorgenommen hatte. Zweitens wird besonders hier die deutsche Fassung der Kraft von Darwins Sprache an vielen Stellen nicht gerecht; fast alle Darwin-Zitate sind daher neu übersetzt worden.

»Verschwenderisch in der Vielfalt und knauserig in der Neuerung«

1. Kapitel: Wie Charles Darwin die Evolution der Arten erklärte – und manches andere nicht

Die Vögel, die einst in den Augen vieler Bewunderer seinen Ruhm begründen sollten, hat Charles Darwin anfangs kaum wahrgenommen und abschätzig beschrieben:»dull-coloured birds« schreibt er über die Galapagos-Finken in seinem Journal der Weltreise auf der *HMS Beagle* – Vögel von dunkler, ausdruckloser, langweiliger Farbe, all das schwingt im englischen Wort»dull« mit. Die *Beagle*, auf der der Biologe von 1831 bis 1836 die Welt umsegelte, hatte am 17. September 1835 vor Chatham Island geankert, der östlichsten Insel des Galapagos-Archipels. Während der nächsten sechs Tage erkundet Darwin das Vulkaneiland, und ist bald vom Klettern über Felsen und durch Gestrüpp ermattet.»Nichts könnte weniger einladend sein als dieser erste Eindruck«, schreibt er später.»Ein zerklüftetes Feld schwarzer Basaltlava, in stark gezackten Wellen hingeworfen und von tiefen Rissen durchzogen.« Er beschwert sich in dem Journal über die»kümmerlichen kleinen Kräuter«, die eher an den Pol als auf eine Insel am Äquator gehörten. Entschädigt wird er allein durch den Anblick zweier Riesenschildkröten, die seinen Weg kreuzen. Die wenigen»dull-coloured birds«, bemerkt er dann, kümmern sich weder um ihn noch um die majestätischen Reptilien.

Auf der Basis des heutigen Wissens erwartet man einen Heureka-Moment, eine Erleuchtung. Doch beim Anblick der Finken fallen vor Darwins geistigem Auge nicht plötzlich die Puzzlestücke jener Evolutionstheorie an ihren Platz, die den Naturforscher in jenen Tagen und Jahren ebenso beschäftigt wie viele andere Wissenschaftler seiner Zeit. Irgendwie haben sie schon erkannt, dass sich die Tierwelt ändern kann, aber der Mechanismus ist rätselhaft. Immerhin tötet und konserviert Darwin auf den Galapagos-Inseln insgesamt 26 Vögel, mehr aus Pflichtgefühl. Er beschriftet die Tiere schlampig und überlässt sie nach seiner Rückkehr seinem Freund John Gould von der Zoologischen Gesellschaft Londons. Erst der klärt Darwin über den Schatz auf, den er mitgebracht hat.

Dieses Wissen lässt der Naturforscher einige Seiten später in sein Journal einfließen, das er 1839 veröffentlicht – er erwähnt Gould allerdings in diesem Zusammenhang. Darwin beschreibt die 26 Galapagos-Vögel, kommt auf die Finken, immerhin die »größte zusammenhängende Gruppe« jener Tiere, aber erst an sechster Stelle seiner Aufzählung. Alle 13 Arten träten nur auf dem Archipel auf, schreibt er, und: »Die erstaunlichste Tatsache ist die perfekte Staffelung bei der Größe der Schnäbel in den verschiedenen Spezies der (Gattung) Geospiza.« Zwischen dem größten und dem kleinsten Schnabel gebe es nicht weniger als sechs Zwischenstufen. Eine Skizze im Buch illustriert die Vielfalt. Weil sie in vielen Büchern über die Evolution nachgedruckt worden ist, stehen die Finken nun für Darwins Theorie wie der fallende Apfel für Newtons Gravitationsgleichungen und Einsteins ausgestreckte Zunge für die Relativitätstheorie – wenn die Pop-Kultur Symbole kürt, geht sie nicht immer rational vor.

Tatsächlich sind die Tiere ein gutes Beispiel für die Evolution, auch wenn Darwin das erst später erkennt. Sie haben sich offenbar auf jeweils andere Nahrung spezialisiert, und das spiegelt sich in der Schnabelform: Manche knacken damit Nüsse, andere fangen Insekten, einige reiten auf den Echsen der Inseln und picken Parasiten von deren Haut. »Wenn man diese Diversität in einer kleinen, eng-verwandten Gruppe von Vögeln sieht, könnte man sich schon vorstellen, dass aus einem anfänglichen Mangel an Vögeln auf diesem Archipel eine Spezies herausgegriffen und für verschiedene Zwecke modifiziert worden ist«, schreibt der Forscher.

Da ist er, der Gedanke, der Darwin später weltberühmt macht: Arten verändern sich, wenn es die Notwendigkeit oder Gelegenheit dazu gibt, und das offensichtlich in relativ kurzer Zeit. Denn die Galapagos-Inseln sind vulkanischen Ursprungs, ihre ganze Tier- und Pflanzenwelt muss vom Festland, etwa 1000 Kilometer weit entfernt, eingewandert sein. Womöglich hat nur ein Finkenpaar einst die lange Reise geschafft. Ihre Nachkommen haben dann die Inseln bevölkert, sich langsam an verschiedene Lebensweisen angepasst und dabei verändert. So sehr, dass sie sich nicht mehr paaren können; und wenn es doch gelingt, sind ihre Nachkommen zumindest steril. Das ist heute, mehr als die Unterschiede im Aussehen von Lebewesen, die Definition einer abgegrenzten biologischen Art: Es existieren Barrieren bei der gemeinsamen Fortpflanzung. Pferde und Esel können zwar gemeinsam Junge zeugen, aber diese Maulesel und Mulis sind unfruchtbar.

Darwin braucht noch einige Zeit, bis er den Gedanken richtig fassen kann. Ihm fehlen noch der Mechanismus und der Grund der Veränderung. Letzteren liefert ihm 1838 ein Aufsatz des Ökonomen Thomas Malthus. Dieser beschreibt, wie sich die Menschen im Prinzip in einer exponentiellen Folge vermehren und dadurch in Not geraten: Wenn sich zum Beispiel mit jeder Generation die Zahl der Menschen verdopple (das eben wäre eine exponentielle Folge), dann stoße die Bevölkerung schnell an die Grenzen der Nahrungsmittelversorgung – Hungersnöte seien die Folge. Darwin erkennt, dass jede Tierart permanent in einer solchen Krisensituation lebt. Ihr Lebensraum ist begrenzt, viele Tiere kämpfen ums gleiche Futter, es gibt zudem einen Wettbewerb um Sexualpartner. Aber die Eltern erzeugen viel mehr Nachwuchs, als überleben oder sich später fortpflanzen könnte.

Keines dieser Jungen gleicht exakt dem anderen, und hier findet Darwin endlich den Mechanismus der Veränderung. Besuche bei Tauben- und anderen Züchtern zeigen ihm, dass es ständig kleine Variationen zwischen Tieren gibt, die die Züchter ausnutzen, um gewünschte Eigenschaften herauszukitzeln und zu stabilisieren. So ähnlich könnte die Veränderung in der Natur funktionieren. Im Überlebenskampf zählt schließlich jeder kleine Vorteil, den Eltern an ihre Kinder weitergeben können. Und so entsteht die Theorie der natürlichen Selektion. In seinem Buch *The Origin of Species*

(Die Entstehung der Arten) fasst Darwin sie später so zusammen: »Wenn leichte Veränderungen auftreten, die einem Lebewesen nützlich sind, dann werden Individuen mit diesen Charakterzügen sicherlich die besten Chancen haben, im Kampf um das Leben zu bestehen; und wegen des starken Prinzips der Vererbung werden sie dazu neigen, Nachkommen von gleichem Charakter zu bekommen. Dieses Prinzip der Erhaltung habe ich, um der Kürze willen, natürliche Selektion genannt.« Umgekehrt würden schädliche Veränderungen »rigoros zerstört«. Durch eine lange Kette winziger Variationen, die jeweils als Überlebensvorteil belohnt und stabilisiert wurden, habe sich so die ungeheure Vielfalt des Lebens gebildet und sich jedes Lebewesen perfekt an seine Nische angepasst. Dabei ist es einerlei, ob ein Tier durch eine Veränderung besser fliehen, verdauen oder kämpfen kann, oder ob es wegen eines ansonsten nutzlosen Körperschmucks den Weibchen gefällt – Letzteres nennt Darwin sexuelle Selektion. Die ganze Vielfalt folge einem Grundsatz: »Abstammung mit Abwandelung« (descent through modification).

Mit dieser Theorie kann Darwin plötzlich Fakten erklären, die seine Zeitgenossen verblüfft hatten. Zum Beispiel warum in Steinbrüchen Abdrücke ausgestorbener Tierarten gefunden wurden, die heutigen Lebewesen umso weniger gleichen, je tiefer die Schicht liegt, die sie eingeschlossen hat. Offenbar handelt es sich um Urtiere, die ausgestorben sind, aus denen sich aber die lebenden Arten entwickelt haben. Er kann auch begründen, warum Giraffe und Elefant in ihren doch so unterschiedlichen Hälsen die gleiche Zahl von Wirbeln haben, und warum sich das Knochengerüst in Arm und Hand des Menschen, dem Bein des Pferdes, der Flosse des Schweinswals und dem Flügel einer Fledermaus so sehr ähneln: Alle haben Oberarmknochen, Elle und Speiche, Handwurzelknochen und fünf Finger oder mindestens Reste davon. Bei jedem Tier dienen sie anderen Zwecken, in jedem ist die Ausprägung des einmal erfundenen Grundmusters entsprechend verändert. »Wir können verstehen, warum die Natur verschwenderisch in der Vielfalt, aber knauserig in der Neuerung ist.«

Immer wieder verweist Darwin auf die ungeheure Zeitdauer, in der sich das Leben zur heutigen Form habe entwickeln können. Jeweils 1000 oder gar 10 000 Generationen könne jeder Schritt der Verwandlung im Stammbaum des Lebens gebraucht haben.»Welche Grenze könnte dieser Macht gesetzt werden, die über lange Zeitalter wirkte und die ganze Konstitution, den Körperbau und die Gewohnheiten jeder Kreatur streng geprüft hat – die guten begünstigend, die schlechten verwerfend? Ich kann keine Grenze dieser Macht erkennen, die langsam und wunderschön jede Lebensform an die höchst komplexen Wechselbeziehungen des Lebens angepasst hat.«

Das war eine revolutionäre Idee für seine Zeit – und eine, die noch heute ohne Abstriche gilt.»Evolution ist der wichtigste Begriff in der gesamten Biologie«, schrieb Ernst Mayr, der wohl bedeutendste Evolutionsforscher des 20. Jahrhunderts, in seinem letzten Buch *Das ist Evolution*. Darwins Werk sei »der vielleicht größte geistige Umbruch in der Menschheitsgeschichte … Das Buch sorgte fast allein für die endgültige Säkularisierung der Naturwissenschaften« – also für den Abschied von einer Naturforschung, die nach Gott und Wahrheit suchte. Daniel Dennett, Philosoph und Kognitionsforscher an der *Tufts University* im Großraum Boston, würde Darwin sogar den Preis für die beste Idee aller Zeiten verleihen. Und er erkennt die Leistung an, die Idee zu einer Theorie auszuformen:»Es brauchte eine unwiderstehliche Parade von hart erarbeiteten wissenschaftlichen Fakten, um die Denker (seiner Zeit) zu zwingen, den sonderbaren Blickwinkel ernstzunehmen, den Darwin vorschlug«, schreibt Dennett im Buch *Darwin's Dangerous Idea*.

Tatsächlich hat Darwin seine *Origin of Species* mit einer Unzahl von Beispielen gespickt. Viele davon stammten von der Reise mit der *Beagle*, die Darwin zeitweise wie in einem Rausch verbracht hatte. Über den Anfang der Reise, als er durch den brasilianischen Urwald streift, schreibt er:»Ich kann immer nur einen Freudentaumel zu früheren Freudentaumeln hinzufügen … Jedes neue Tal ist schöner als das letzte … Wenn man ein Insekt beobachtet, vergisst

man es wegen der noch seltsameren Blume, über die es kriecht ...
Der Geist ist ein Chaos des Entzückens.« So häuft er Probe um
biologische Probe an und untersucht sie nach seiner Rückkehr aus-
giebig. Er ergänzt den Schatz durch lange Studien an einheimi-
schen Rankenfuß-Krebsen.

Die vielen empirischen Belege braucht Darwin, um sich gegen
die Reaktion seiner Zeitgenossen zu wappnen, deren Weltbild er
zum Einsturz bringt. Der entscheidende Tritt, den Darwin dem
konventionellen Denken versetzt, ist nicht einmal die Veränderung
der Arten. In einem »Historical Sketch« genannten Vorwort zu einer Neuauflage seiner *Origin of Species* listet er 34 Naturforscher
auf, die an »eine Modifikation der Arten glauben«. Viele von ihnen
versuchten jedoch, ihr Weltbild um die neuen Fakten herumzubie-
gen. Dieses Weltbild speiste sich in Darwins Zeit aus zwei Quel-
len – auch er selbst musste ihren Einfluss auf sein Denken erst
abschütteln.

Da war zum einen die Typenlehre Platons, der die Essenz jedes
Dinges, ob Dreieck oder Klapperschlange, für unveränderlich hielt.
In seinem Höhlengleichnis hatte der griechische Philosoph gesagt,
die wirklichen Lebewesen seien nur Schatten auf einer Höhlen-
wand, die ein flackerndes Feuer werfe. Zwischen der Lichtquelle
und der Projektionsfläche hingegen stünden die idealen Figuren
und Formen. Dieses Denken in Kategorien ist die Grundlage
menschlicher Intelligenz. Der ganze Wahrnehmungsapparat ist darauf ausgerichtet, Gemeinsamkeiten zu erkennen, und dann schnell
zu handeln, wenn zum Beispiel ein paar Streifen eines Tigerfells
durch das Gebüsch blitzen. Wer in dieser Situation abwartet, bis er
alle Details kennt, wird schnell zum Verlierer der Evolution. Auf
diese Fähigkeit zur Kategorisierung gründete sich auch die Syste-
matik der Biologen, die der schwedische Forscher Carl von Linné
eingeführt hatte: Jedes Lebewesen lässt sich einordnen nach Reich,
Stamm, Klasse, Ordnung, Familie, Gattung, Art und Unterart.

Zum anderen beherrschten die Schöpfungsgeschichte der Bibel
und die so genannte natürliche Theologie das Denken, auch das
von Darwin bis zu seiner Reise mit der *Beagle*. Demnach waren

die Vielfalt des Lebens, die Schönheit von Pflanzen und Tieren und ihre perfekte Anpassung an die Bedingungen der Natur Belege für die Macht Gottes. Der Theologe William Paley hatte in seinem Buch *Natural Theology* 1802 über den intelligenten Designer geschrieben, der alles Leben so wundervoll gestaltet habe – die heutigen Vertreter dieses Gedankens haben ihn lediglich auf das aktuelle biochemische Wissen übertragen. Gott habe die verschiedenen Spezies jeweils eigens geschaffen, nahm man an, darum rang die Naturforschung jener Zeit intensiv mit der Trennung zwischen Arten und Unterarten; letztere konnten, wie Züchter wussten, ohne himmlischen Beistand entstehen, erstere aber nicht. Darwin wischte den Unterschied beiseite und erklärte, alles unterläge der natürlichen Selektion, Variationen sowie Unterarten seien einfach Vorstufen bei der Entstehung neuer Arten.

Darwins Vorgänger hatten versucht, in der Veränderung der Arten einen geplanten, erhabenen oder zumindest auf ein Ziel ausgerichteten Prozess zu erkennen. Durch Modifikationen sollten zum Beispiel von einem Moment zum anderen neue Typen entstehen, glaubten einige, was den Eingriff einer Intelligenz voraussetzte. Andere nahmen an, die Spezies früherer Zeiten seien wandelbarer gewesen als die ihres eigenen Jahrhunderts – was ja die jetzige Epoche vor anderen auszeichnete. Großen Einfluss hatte auch der französische Naturforscher Jean-Baptiste de Lamarck gehabt. Seiner Evolutionstheorie von 1809 zufolge konnten Lebewesen ihre während des Lebens erworbenen Eigenschaften an ihre Nachkommen weitergeben. Klassisches Beispiel war der Hals der Giraffe: Weil sie sich immer wieder nach Blättern an Büschen und Bäumen streckte, sei ihr Hals länger geworden; ihre Jungen hätten dann schon ab Geburt den Kopf höher getragen und sich noch weiter gestreckt. Diesem Prozess wohnte immerhin eine gewisse Zielhaftigkeit inne.

Darwin hingegen erklärte, bei den Vorfahren der Giraffen habe immer wieder ein Junges durch eine zufällige Variation einen längeren Hals gehabt und sich darum im Lebenskampf besser behaupten und mehr Nachkommen durchbringen können. Es ist ein feiner

Unterschied, so lang man wie Darwin nichts über Genetik weiß. Darum ließ der Begründer der Evolutionsforschung Lamarcks Erklärung als verstärkenden Prozess neben seiner natürlichen Selektion bestehen; heute allerdings gilt Lamarckismus als widerlegt. Für Darwin gab es im Prozess der Evolution weder Ziel noch Plan noch Geist. Das schockierte seine Zeitgenossen. Die natürliche Selektion funktionierte mechanisch, blind, autonom und unpersönlich. Sie war ausschweifend und verschwenderisch, weil ständig Variationen entstanden, die ihre Träger in den schnellen Tod führten oder in ein Leben ohne Nachkommen. Die überwältigende Mehrzahl aller Arten, die jemals entstanden waren, war bereits wieder ausgestorben, verdrängt von ihren Nachkommen. Darwin »erschütterte seine Zeitgenossen mit Bemerkungen wie der, dass allein aus dem Kampf der Natur, aus Hunger und Tod die Entstehung neuer, immer komplexerer Lebewesen hervorgehe«, schreibt der österreichische Evolutionsforscher Franz Wuketits in seinem Buch *Darwin und der Darwinismus*. Der Tod als Voraussetzung des Lebens – für Christen, die den Tod mit ihrem Glauben überwinden wollten, eine inakzeptable Idee.

Eine solche Weltsicht konnte die einzige Art auf dem Planeten, die überhaupt in der Lage war, die Mechanismen zu begreifen, und die mit ihrer Kultur alles dafür tat, die kalte Hand der Evolution von ihrer Schulter zu streifen, nicht gutheißen. Zumal es auch den Menschen in eine unangenehme Nachbarschaft rückte, wenn er selbst als Objekt der Evolution zu gelten habe. Die Kirchen liefen Sturm gegen Darwins Buch, etliche seiner Forscherkollegen zerpflückten *Origin of Species* in zum Teil anonymen Rezensionen; Darwins Theorie sei das Gegenteil von Wahrheit und widerspreche dem offensichtlichen Lauf der Natur. Die damals praktizierte Form von Wissenschaft war eben tief in den christlichen Glauben eingebettet und versuchte die Wunder von Gottes Kreation zu ergründen, und sein Wirken quasi zu beweisen – sie hatte daher nicht die Scheu vor dem Wort »Wahrheit«, die heutige Forscher zeigen.

Andere Zeitgenossen akzeptierten die Evolution für Tiere und Pflanzen, versuchten aber einen Sperrzaun um den Menschen zu ziehen. Schnell war das Schlagwort geboren, der Mensch stamme laut Darwin vom Affen ab. Der Forscher wurde in Karikaturen selbst als Schimpanse mit einem langen weißen Bart und schütterem Haupthaar verspottet. Und die Ehefrau des Bischofs von Worcester rief aus:»Abgestammt von den Affen! Meine Güte, lass uns hoffen, dass es nicht wahr ist, aber falls doch, lass uns beten, dass es nicht allgemein bekannt wird«.

Weil Darwin so etwas vorausgesehen hatte, zögerte er fast 20 Jahre, seine Theorie zu veröffentlichen; ein 35-Seiten-Manuskript hatte seit 1842, eine 240-seitige Version seit 1844 in seiner Schublade gelegen. Und als er dann endlich sein Buch schreibt, braucht der Naturforscher noch einen äußeren Anschub: Ein jüngerer Kollege, Alfred Russel Wallace, war unabhängig von Darwin auf die gleiche Gesetzmäßigkeit der Natur gestoßen. Er schickt 1858 von Ternate, einer Insel im heutigen Indonesien, einen kurzen Aufsatz nach England, in dem es heißt:»Es gibt ein allgemeines Prinzip in der Natur, das viele Varianten die Art ihrer Eltern überleben lassen wird, und das schrittweise zu Variationen führt, die sich weiter und weiter vom ursprünglichen Typus entfernen.« Er benutzt nicht das Wort»Selektion«, aber beschreibt genau das Konzept von vorteilhaften und schädlichen Veränderungen und ihre Wirkung auf die Arten.

»Wenn Wallace meine handschriftliche Skizze vom Jahre 1842 hätte, hätte er keinen besseren kürzeren Auszug machen können«, gesteht Darwin nach der Lektüre von Wallace' Essay. Der große Forscher gerät in einen Gewissenskonflikt, gibt dann aber dem Drängen seiner Freunde nach, endlich mit seinem Buch zu beginnen. Ursprünglich hatte Darwin ein mehrbändiges Monumentalwerk geplant, nun verfasst er einen Band von gut 400 Seiten, den er gleich zu Anfang als»Auszug« (Abstract) bezeichnet. Zuvor aber wird Wallace' Aufsatz zusammen mit Schriften Darwins auf einer Sitzung der Londoner Linnean Society verlesen – ohne großes Echo.»Das zeigt, wie nötig es ist, dass jeder neue Blickpunkt auf ansehnlicher Länge erläutert wird, um öffentliche Aufmerksamkeit zu erregen«, schreibt Darwin später. Und so erscheint, am 24. November 1859, in einer Auflage von 1250 Exemplaren *On the Origin of Species by Means of Natural Selection* und ist noch am selben Tag ausverkauft. Die deutsche Übersetzung heißt später »Die Entstehung der Arten durch natürliche Zuchtwahl«.

Heutzutage hätte diese Konstellation alle Zutaten für einen handfesten Forschungsskandal, doch in der zweiten Hälfte des 19. Jahrhunderts bleiben Wallace und Darwin zeitlebens freundschaftlich verbunden. Auch die Sache mit Patrick Matthews lässt sich zwischen Gentlemen regeln. Der schottische Besitzer von Obstplantagen hatte 1831 ein Buch über den Anbau von Holz für Marineschiffe geschrieben und in einem Anhang Darwins Erkenntnisse vorweggenommen: »Es gibt ein universelles Gesetz in der Natur, darauf gerichtet, dass jedes fruchtbare Wesen bestens zu seinen Lebensumständen passt.« Der Obstzüchter schreibt es den harten Bedingungen der Natur zu, dass Individuen aussortiert werden, die nicht perfekt angepasst sind. Und er zeigt, dass sich durch Veränderung neue Spezies bilden können, »die sich mit der Art der Eltern nicht mehr gemeinsam fortpflanzen können«.

Als Matthews 1860 in der Zeitschrift *Gardeners' Chronicle* eine Rezension von Darwins Buch liest, schreibt er einen Leserbrief und erinnert an sein eigenes Buch. Darwin kannte es nicht, überhaupt hatte kein Leser von Matthews' Werk die wahre Bedeutung der wirr formulierten Sätze erfasst – wahrscheinlich nicht einmal er selbst, bis er über Darwin liest. Diesem fällt es daher nicht sonderlich schwer, Matthews Priorität in einem Vorwort für eine Neuauflage der *Origin of Species* einzuräumen. »Er hat klar die volle Kraft des Prinzips der natürlichen Selektion erkannt«, heißt es da, allerdings habe Matthews es »sehr kurz in verstreuten Passagen im Anhang eines Werks zu einem ganz anderen Thema« geschildert. Der Schotte wiederum lobt nach dieser Entschuldigung Darwins Arbeit: »Mr Darwin scheint mir mehr Verdienst an der Entdeckung zu haben als ich – mir erschien es nicht als Entdeckung … (sondern als) Axiom, auf das man nur hinweisen musste.«

Darwins einzigartige Stellung in der Biologie haben die Ko-Entdecker nicht geschmälert. Keiner von ihnen hat Evolution und natürliche Selektion so klar herausgearbeitet wie Darwin. Und dennoch kann man am Buch des großen Naturforschers einiges kritisieren: Er hat sich um einige schwierige Punkte herumgedrückt, wenn auch eher aus der strategischen Einsicht, dass er seiner Zeit seine revolutionären Gedanken nur häppchenweise zumuten könne. Was er verschleiert, sind der Anfang und das vorläufige Ende seiner Geschichte, jedenfalls das Ende, das seine Leser womöglich am meisten interessiert. »Er hat in der Mitte angefangen«, sagt Daniel Dennett.

Wie der Mensch entstanden ist, steht nämlich nicht in *Origin of Species*; Darwin schreibt lediglich, »in der fernen Zukunft« werde »Licht geworfen auf die Anfänge des Menschen und seine Geschichte«. Sein Wegbegleiter Thomas Henry Huxley und der deutsche Forscher Ernst Haeckel hatten sich dem Menschen schon 1863 in ihren Büchern gewidmet, doch Darwin greift das Thema erst 1871 in seinem Buch *The Descent of Man, and Selection in Relation to Sex* (Die Abstammung des Menschen und die geschlechtliche Zuchtwahl) auf. Darin zeichnet er zwar nicht die Vormenschenarten auf ihrem Weg zum *Homo sapiens* nach, wie es die moderne Paläoanthropologie versucht, aber er bettet den Menschen fest in das Evolutionsgeschehen ein – bis hin zu seinen geistigen Fähigkeiten und dem moralischen Handeln.

Ähnlich nebulös bleibt der Ursprung des Lebens auf diesem Planeten. Darwin verfolgt die Tier- und Pflanzenwelt mit seinem Prinzip der natürlichen Selektion durch die Geschichte zurück, bis er vor den letzten gemeinsamen Vorfahren steht. »Ich glaube, dass die Tiere von höchstens vier oder fünf Vorläufern abstammen, und die Pflanzen von einer gleich großen oder kleineren Zahl«, heißt es in der Zusammenfassung der *Origin of Species*. Weiter trage ihn die strikte Logik nicht, schreibt er, aber er wagt sich doch in die früheste Geschichte vor. »Ich könnte aus einer Analogie schließen, dass wahrscheinlich alle Wesen, die jemals auf dieser Erde gelebt haben, von einer ursprünglichen Form abstammen, in die das Leben zuerst eingehaucht worden ist.« Mehr sagt er nicht zu den Umständen; erst Jahre später lässt er sich in einem Brief dazu hinreißen, von einem »warmen kleinen Teich« (a warm little pond) zu sprechen, in dem die erste primitive Zelle aus unbelebten Vorgängern entstanden sein könnte.

»Eingehaucht«, schreibt Darwin – das Leben sei der ursprünglichen Form eingehaucht worden. Logischerweise muss dann eine andere Instanz da gewesen sein, die das Hauchen übernommen hat[1]. Das ist ein Versuch, die Schärfe seiner Botschaft zu brechen, eine offensichtliche Verbeugung vor dem Geist seiner Zeit, wie ihn zum Beispiel seine tiefgläubige Ehefrau Emma Wedgwood verkörpert. Er spricht in seinem Buch tatsächlich auch von einem Schöpfer, der der Materie »Gesetze aufgeprägt« habe. Und in einer späteren Ausgabe findet sich der Satz:»Ich sehe keine guten Gründe, warum die Ansichten in diesem Buch irgendjemandes religiöse Gefühle verletzen sollten.«

Doch Darwin selbst hat den Glauben an Gott längst verloren, als er anfängt, *Origin* zu schreiben. Dazu hatten einige seiner Beobachtungen beigetragen, zum Beispiel die einer parasitär lebenden Wespe, die ihre Eier in lebende Insekten legt, sodass die Nachkommen den Wirt von innen auffressen: Wie konnte ein liebender Gott solche Kreaturen schaffen?, fragt sich Darwin, der vor seiner Reise mit der *Beagle* immerhin Theologie studiert und den intelligenten Designer Gott verehrt hatte. Vollends zerstört wird sein Glaube aber durch den Tod seiner Tochter Annie an Ostern 1851. Die Zehnjährige hat sich von einer Scharlach-Infektion nicht mehr erholt; Darwin ist am Boden zerstört und schreibt in einem privaten Notizbuch ungewöhnlich emotionale Zeilen über das Kind:»Jeder Ausdruck ihres Benehmens strahlte Zuneigung und Sanftmut aus und all ihre Gewohnheiten waren von ihrem liebevollen Gemüt geprägt.« Kein wohlmeinender Gott hätte doch die Bestrafung eines solchen Wesens zulassen können!

Neben dieser Trauer verursacht ihm der Verlust des Glaubens kaum zusätzlichen inneren Aufruhr. 25 Jahre später schreibt der Naturforscher in autobiografischen Skizzen:»Daher kroch die Ungläubigkeit sehr langsam über mich, aber eines Tages war sie vollständig. Die Veränderung war so langsam, dass ich kein Leid empfand, und ich habe seitdem niemals auch nur für eine Sekunde bezweifelt, dass meine Schlussfolgerung korrekt war.« Doch diese Schlussfolgerung hält Darwin vor der Welt geheim, die wohl kaum Verständnis dafür gehabt hätte; es gab ja auch noch keine Talkshows, keine Klatschpresse, die Prominente wie ihn in allen Aspekten ihres Lebens durchleuchtet hätte.

Ein solch modernes Kommunikationssystem wäre Darwin aber an anderer Stelle hilfreich gewesen, ein Manko seiner Theorie zu beheben: Der Naturforscher hat keine genaue Vorstellung davon, wie Eltern eigentlich Eigenschaften an Kinder weitergeben, wie also jenes »starke Prinzip der Vererbung« funktioniert, mit dem er die natürliche Selektion definiert hat. Er versucht sich 1868 in einem Nachfolgewerk zu *Origin* an einer eher mechanischen Erklärung genetischer Vorgänge, die aber misslingt. Tatsächlich hätte er seit Februar 1865 Bescheid wissen können: Da hält der Augustinermönch Gregor Mendel vor dem Naturforschenden Verein im böhmischen Brünn einen Vortrag über seine »Versuche an Pflanzen-Hybriden«; im folgenden Jahr wird sein Aufsatz in den *Verhandlungen* des Vereins veröffentlicht. Heutzutage hätten die international verzahnte Forschungsgemeinde oder der moderne Wissenschaftsjournalismus wahrscheinlich die Verbindung zu Darwin hergestellt. Aber damals erreicht weder die Zeitschrift noch einer von Mendels 40 Sonderdrucken oder ein Bericht darüber Down House bei London, wo Darwin wohnt und arbeitet.

Mendel hatte in ausgiebigen Versuchen an Erbsen einige Regeln entdeckt, die für die moderne Genetik zentral sind. Seine Pflanzen unterschieden sich in sieben Eigenschaften: Mal sind ihre Samen zum Beispiel rund von Gestalt, mal runzelig, mal grün in der Farbe, mal gelb. Als Mendel jeweils reinrassige Pflanzen miteinander kreuzt, die sich in einer dieser Eigenschaften unterscheiden, gleicht die erste Generation einem der beiden Eltern: Sie haben zum Beispiel alle gelbe oder runde Samen. Daraus schließt er, dass manche Eigenschaften dominant sein müssen; die jeweils anderen, die in der ersten Generation verschwinden, nennt er rezessiv. Doch bei der zweiten Generation der Nachkommen ändert sich das: »In dieser Generation treten nebst den dominirenden Merkmalen auch die recessiven in ihrer vollen Eigenschaft wieder auf, und zwar in dem entschieden ausgesprochenen Durchschnittsverhältnisse 3:1, so dass unter je vier Pflanzen aus dieser Generation drei den dominirenden und eine den recessiven Charakter erhalten«, heißt es in dem Aufsatz. Wenn es viele Enkel gibt, hat also ein Viertel von ihnen grüne oder runzelige Samen, eine Eigenschaft, die in der Kindergeneration überhaupt nicht aufgetreten war – sie hatte sich »durchgemendelt«, wie man heute etwas flapsig sagt.

Erst im Jahr 1900 erkennen drei Biologen unabhängig voneinander, was Mendel da herausgefunden hat. Offenbar gibt es im Erbgut diskrete Abschnitte, die einzelne Eigenschaften von Lebewesen bestimmen; später bekommen sie den Namen »Gene«. Davon enthalten Körperzellen stets zwei Kopien: eine von der Mutter, eine vom Vater. Treffen nun bei der Zeugung oder Befruchtung widerstreitende Informationen über die Samenform oder -farbe von beiden Elternteilen aufeinander, dann setzt sich zwar in vielen Fällen zunächst eine durch, aber die andere bleibt im Erbgut stumm erhalten und kann weitergegeben werden. Und wenn dann in der Enkelgeneration zwei der stummen, rezessiven Gene zusammenkommen, dann prägen sie eben doch das Aussehen oder Verhalten des Lebewesens.

Daraus ergeben sich gleich vier wichtige Konzepte der Genetik: Erstens, es gibt einen Unterschied zwischen dem Erscheinungsbild eines Individuums, seinem Phänotyp, und seinem Erbgut, dem Genotyp. Zweitens, dieser kann homozygot sein (beide Kopien eines Gens sind gleich) oder heterozygot (die Kopien sind unterschiedlich). Drittens: Welche Kopie Eltern an ihre Kinder weitergeben, entscheidet der Zufall, sonst hätte sich das 3:1-Verhältnis nicht nur in einem statistischen Zusammenhang ergeben. Viertens: Samenzellen enthalten nur eine Kopie des Erbguts (das ist auf Mendels Wissensstand nicht logisch zwingend, aber plausibler – und mittlerweile bewiesen).

Das alles hätte nicht besser zu Darwins Theorie passen können. Die Mendelschen Regeln erklären, wo die Variationen eigentlich herkommen, unter denen die natürliche Selektion auswählt. Inzwischen kennt man den Ablauf in allen Einzelheiten: Wenn sich Keimzellen für die Fortpflanzung bilden, benutzt der Körper einen speziellen, zweistufigen Prozess der Zellteilung. Normalerweise bekommen beide Tochterzellen, die im Körper eine Funktion übernehmen sollen, eine komplette Kopie des doppelten Erbgutsatzes – von denen ja jeweils ein Strang von Mutter und Vater stammt. Doch bei der Meiose, wie die Herstellung von Keimzellen heißt, lagern sich zunächst die Erbgutstränge von Mutter und Vater des Lebewesens aneinander und tauschen aufs Geratewohl Gene aus. So entstehen Kombinationen, die keiner der Beteiligten besitzt. Und dann wandern die beiden Erbgutstränge nach dem Zufallsprinzip in die Eier, Spermien, Samen, Pollen oder was auch immer zur Fortpflanzung gebraucht wird. Wenn dann bei der Befruchtung aus der Vereinigung der Keimzellen wieder eine Zelle mit doppeltem Erbgut entsteht, entscheidet sich noch bei vielen Genen, in denen es keine Dominant-Rezessiv-Hierarchie gibt, per Zufall, welche der beiden Kopien an- und welche abgeschaltet wird. »Nicht einmal begeisterte Darwinisten hätten wohl mit dem Ausmaß genetischer Variationen gerechnet, das schließlich mit den Methoden der Molekularbiologie entdeckt wurde«, schreibt Ernst Mayr über die Auswirkung der sexuellen Fortpflanzung[2].

Als sich diese Erkenntnisse durchsetzen, treten Mayr und einige andere im Jahr 1942 die zweite Darwinistische Revolution los. Sie verknüpfen Genetik und natürliche Selektion und schaffen damit die so genannte Synthetische Evolutionstheorie. Dabei verabschieden sie vor allem den Artbegriff: Sie begraben endgültig die Typenlehre mit ihrer Idealvorstellung von Lebewesen; die Mechanismen der Evolution wirken allein auf lokale Populationen, die sich gemeinsam fortpflanzen. Wird eine solche Gruppe geteilt, etwa durch geografische Hindernisse, können sich getrennte Arten entwickeln. Was allein Entfernung bewirkt, die eine Isolation von Fortpflanzungsgruppen auslöst, zeigen Möwen, die in einem breiten Ring um den Nordpol leben – von Nordeuropa über Grönland, Kanada, Alaska und Sibirien zurück nach Europa. Folgt man den lokalen Populationen der Silbermöwe auf diesem Weg, verändert sich das Aussehen der Vögel mit jedem Kilometer nach Westen. In Sibirien schließlich ähneln sie eher der Heringsmöwe, die in Nordeuropa als eigene Art neben der Silbermöwe existiert und sich nicht mehr mit ihr fortpflanzen kann.

Entstanden sind diese komplexen Arten in einem langen Prozess aus ganz einfachen Lebewesen. Diese Prokaryoten, die auch heute noch in Gestalt vieler Bakterien überleben, haben keinen Zellkern und vermehren sich durch Zellteilung. Variation entsteht bei ihnen allein durch Kopierfehler bei der Teilung und »Bakterien-Sex«, den Austausch nackter Erbmoleküle zwischen Nachbarn. Diese Lebensformen bewohnen den Planeten über eine Milliarde Jahre lang allein, sie entstehen vor 3,7 Milliarden Jahren und bekommen erst vor 2,7 bis 1,7 Milliarden Jahren Gesellschaft: als die ersten Eukaryoten entstehen.

Diese sind immer noch Einzeller, aber sie besitzen einen Zellkern, den eine innere Membran vom Rest des Organismus trennt. Das ist das »wichtigste Ereignis in der gesamten Geschichte des Lebens auf der Erde«, schreibt Ernst Mayr. Denn Eukaryoten bilden spezialisierte Organellen, die zum Beispiel Stärke aus Kohlendioxid aufbauen, und dabei die Energie von Lichtstrahlen verwerten (Chloroplasten), oder Sauerstoff nutzen, um chemische Energiemoleküle aufzuladen (Mitochondrien). Außerdem können sich die Neuen sexuell fortpflanzen und später zu Vielzellern zusammenlagern, in denen einzelne Zellen spezialisierte Aufgaben übernehmen. Und so spaltet sich die Lebenslinie immer weiter auf: Es entstehen Schwämme, Quallen, irgendwann Wirbeltiere. Eines Tages vor etwa 370 Millionen Jahren steigt ein Wassertier an Land, es entwickeln sich Reptilien, Dinosaurier, Säugetiere, schließlich der Mensch.

Dieser hält sich einiges darauf zugute, das komplexeste Lebewesen auf seinem Planeten zu sein. Und dennoch ist seine Komplexität als lange Kette von Zufällen entstanden. Das versetzt noch heute viele in Erstaunen, die sich mit der Evolution befassen, und ist Quelle der meisten Konflikte um die Theorie (mehr dazu in Kapitel 4). Nicht umsonst hat Sigmund Freud Darwins Ideen zu den drei Kränkungen der Menschheit gezählt: Die erste war der Beleg durch Kopernikus und Galileo, dass die Erde nicht der Mittelpunkt des Universums ist, sondern um die Sonne kreist. Als zweite zählt dann Darwins Beobachtung, dass der Mensch wie alle Tiere aus einem unpersönlichen, blinden Prozess der Artenbildung entstanden ist. Und die dritte Kränkung nahm der Begründer der Psychoanalyse ganz unbescheiden für sich selbst in Anspruch: Nicht einmal in der eigenen Seele ist der Mensch Herr im Haus, sein Unterbewusstsein prägt sein Handeln und Befinden an den Entscheidungen des Ich vorbei.

Diesem Gedanken wohnt als Grundvoraussetzung inne, dass die drei Kränkungen wissenschaftlich unbestreitbar seien. Viele heutige Evolutionsforscher sehen diese Bedingung für Darwins These erfüllt. »Schließlich wurde allgemein akzeptiert, dass sie durch eine überwältigende Fülle von Belegen gestützt wird und deshalb nicht mehr nur als Theorie gelten kann«, schreibt Ernst Mayr. »Sie war ebenso gut durch Tatsachen untermauert wie die Vorstellung, dass die Erde um die Sonne kreist, und deshalb musste man sie ebenso als Tatsache einstufen.«[3]

Darwin selbst hatte sich viel vorsichtiger geäußert: Vier von vierzehn Kapiteln widmet er den Problemen seiner Theorie. »Einige dieser (Schwierigkeiten)«, schreibt er, »sind so gravierend, dass ich bis zum heutigen Tag nicht über sie nachdenken kann, ohne zu taumeln.« Er versucht, alle möglichen Gegenargumente zu entkräften, und gibt redlich eine Möglichkeit an, wie seine Idee zu widerlegen wäre: »Wenn es gezeigt werden könnte, dass irgendein komplexes Organ existiert, das auf keinen Fall durch viele, schrittweise, kleine Veränderungen entstanden sein kann, würde meine Theorie absolut zusammenbrechen. Aber ich kann keinen solchen Fall finden.«

Um seine These dann am Ende des Buches noch einmal zusammenzufassen, sucht sich Darwin keinen Star der Evolution aus, nicht den Menschen mit seinem Geist, nicht den Adler mit seinem scharfen Blick, sondern schlicht die Vielfalt des Lebens. Er beschreibt eine dichte Hecke, in der Pflanzen wuchern, Vögel zwitschern und Insekten umherhuschen. Sie alle seien Zeugnis der Gesetze, die in der Natur wirkten. »Es liegt Größe in diesem Blick auf das Leben, mit all seinen Kräften, die anfangs einigen wenigen oder nur einer Form eingehaucht wurden. Während dieser Planet dem starren Gesetz der Schwerkraft folgend kreist, haben sich aus einem so einfachen Anfang unendlich viele schöne und höchst wundervolle Formen entwickelt und entwickeln sich noch.«

»Was ist Darwinismus?
Es ist Atheismus«

2. Kapitel: Die Evolutionstheorie trifft bis heute auf den Widerstand christlicher Fundamentalisten

James Ussher war ein gelehrter Mann, er hatte ja auch sonst wenig zu tun. Eigentlich war der Ire 1625 im Alter von 34 Jahren zum anglikanischen Erzbischof von Armagh geweiht und damit zum Oberhaupt der protestantischen Kirche von Irland ernannt worden – ein raumgreifender Titel in einem auch damals vor allem katholischen Land. Beide Posten behielt er bis zu seinem Tod 1656, doch seinen Amtssitz Armagh im heutigen Nordirland musste er schon 1640 für immer verlassen. In der Provinz Ulster, zu der Armagh gehört, erhoben sich 1641 katholische Landbesitzer gegen die englische Herrschaft und begingen Massaker unter protestantischen Siedlern; der oberste Hirte der Gemeinde wäre dort nicht sicher gewesen. Ussher verbrachte seine Jahre in London, Oxford und anderen britischen Städten, er las und schrieb Bücher.

Diese Details wären wohl nur für Kirchenhistoriker interessant, hätte James Ussher der Nachwelt nicht das Datum der Schöpfung hinterlassen. Seinen gelehrten Berechnungen zufolge hat Gott Himmel und Erde am Vorabend des 23. Oktober im Jahre 4004 vor unserer Zeitrechnung geschaffen. Mit dieser Angabe eröffnet der Kirchenmann sein 1650 veröffentlichtes Werk *Annales veteris testamenti* (Die Annalen des Alten Testaments), das zusammen mit einer 1654 erschienenen Fortsetzung 2000 lateinische Seiten umfasste und den Bischof 20 Jahre Arbeit gekostet hat.

Diese Arbeit löst noch heute große Emotionen aus. Auf der einen Seite gibt es strenggläubige Christen, die die Schöpfungsgeschichte des alten Testaments für die göttliche Wahrheit halten; vielen dieser so genannten Kreationisten gilt auch Usshers Kalender als gesichertes Wissen. Allenfalls lassen sie ein Alter der Erde von bis zu 10 000 Jahren gelten; eine Zahl von über vier Milliarden Jahren, wie sie die Naturwissenschaften errechnen, quittieren sie mit einem Lächeln. Die Methoden der Geologie, insbesondere die Datierung von Steinen und anderen Hinterlassenschaften früherer Epochen beruhten doch auf unbeweisbaren Annahmen, sagen sie dann oft nebulös. Der überwältigenden Mehrheit der Menschen hingegen, aufgeklärten Christen wie Atheisten, kommt die Berechnung des Erzbischofs von Armagh lächerlich vor.

Der Ussher-Kalender hat somit für beide Seiten symbolische Kraft, und er steht exemplarisch für den Kulturkampf zwischen frömmelnder Religion und Wissenschaft. Besonders in den USA glaubt eine große Zahl von Christen, die Bibel mit all ihren Aussagen sei wörtlich auszulegen, und damit nicht nur ein Glaubensdokument, sondern auch ein wissenschaftliches Textbuch. Wo die Erkenntnisse von Biologie oder Physik dem Buchstaben der Schrift widersprechen, folgt daraus, irren sich offenbar die Naturforscher. Eine kaum überschaubare Szene evangelikaler, freikirchlicher und christlich-fundamentalistischer Gruppen überschwemmt Wissenschaftler, und vor allem Vertreter der darwinschen Evolutionslehre, mit vorgeblichen Gegenargumenten. Ihnen genügt es nicht, ihren Glauben in ihrer Gemeinde auszuleben, sie tragen den Konflikt hinaus in die Gesellschaft – besonders dort, wo es um die Ausbildung von Kindern an öffentlichen Schulen geht. Und um in dem Streit zu bestehen, nutzen sie Argumente in wissenschaftlichem Duktus.

Mehrere Faktoren haben dazu beigetragen, dass diese Bewegung ihr Zentrum in den USA hat; die besondere Organisation des Schulwesens ist einer der Gründe (mehr dazu am Ende des Kapitels). Die fundamentalistischen Christen, aus denen sich die Bewegung der Kreationisten speist, leben in großer Zahl abseits der Küsten, im so genannten amerikanischen Herzland und im Süden; oft wird die Gegend der *Bible Belt* genannt. Bundesstaaten wie Oklahoma, Arkansas, Mississippi, Louisiana und Kansas kommen in dieser Debatte viel häufiger vor als Massachusetts oder Kalifornien. Dieses Kapitel wird daher versuchen, die Geschichte und die Argumente dieser Szene von Gegnern der Evolutionstheorie zu beleuchten.

Also zurück zu James Ussher. Um dem Bischof nicht unrecht zu tun, sollten wir seine intellektuelle Leistung von der Wirkung seines Werks in der heutigen Zeit trennen. Oft wird sein Kalender verspottet, der Ire selbst steht dann als Vertreter einer rückwärtsgewandten Bibelgläubigkeit da. Und doch hat zum Beispiel der Evolutionstheoretiker Stephen Jay Gould von der Harvard University James Ussher bescheinigt, seine Chronologie sei eine »ehrenhafte Arbeit« für seine Epoche: »Er war Teil einer beachtlichen Forschungstradition und gehörte zu einer großen Gemeinde von Intellektuellen, die mit einer allgemein anerkannten Methodik ein gemeinsames Ziel verfolgten.« Dieses Ziel hieß: das Alter der Erde bestimmen. Tatsächlich hatten schon vor Ussher Kirchenmänner ähnliche Daten bestimmt; selbst der Astronom Johannes Kepler hatte sich an der Aufgabe versucht. Er kam auf das Jahr 3992 vor der Zeitenwende. Keiner aber fand ähnlich viel Anklang wie James Ussher.

Dass die Zahlen so ähnlich sind, ist kein Zufall: Viele Christen glaubten, die Erde werde insgesamt 6000 Jahre existieren. Sie stützen sich dabei auf den 2. Petrusbrief (3,8): »Eins aber sei euch nicht verborgen, ihr Lieben, dass ein Tag vor dem Herrn wie tausend Jahre ist und tausend Jahre wie ein Tag.« Und da die Schöpfung laut Genesis in sechs Tagen vollendet war, galt der Zeitpunkt 6000 Jahre nach der Schöpfung als gute Hochrechnung für das jüngste Gericht. Der Bischof hatte seine Rechnung in mehreren Etappen absolviert. Von Adam bis zu König Salomo konnte er einfach die Zahlen zusammenrechnen, die das Alte Testament enthält[4]. Das 1. Buch Mose zum Beispiel zählt in den Kapiteln 5 und 7 detailliert auf, wann Adam seinen Sohn Set zeugte (mit 130 Jahren) oder Lamech seinen Sohn Noah (mit 182 Jahren) und wie alt Noah war, als es zu regnen begann (im 601. Jahr). So kam Ussher auf einen Abstand von 1656 Jahren zwischen Schöpfung und Sintflut.

Ab Salomo wurde es schwieriger. Die Bibel gibt nur die Herrschaftsdauer der Könige an, der Bischof musste also die Geschichtsschreibung anderer Völker zu Hilfe nehmen. Entscheidend war die Zerstörung des Tempels in Jerusalem: Laut 2. Könige (25,2 und 8) geschah das im elften Jahr der Herrschaft des israelischen Königs Zedekia und im neunzehnten des babylonischen Herrschers Nebukadnezar. Dieser, eigentlich Nebukadnezar II., hatte seinen Thron 605 vor unserer Zeitrechnung bestiegen, der Tempel wurde also 586 zerstört. Jesus übrigens wurde diesem Kalender zufolge im Jahr 4 vor der Zeitenwende geboren, schließlich musste Herodes der Große noch leben, um den Mord an den Kindern anzuordnen, bevor er in eben jenem Jahr starb. Das macht die Abkürzungen »v. Chr.« und »n. Chr.« absurd.

Ussher konnte nun zurückrechnen: Exodus 1491, Sintflut 2348, Schöpfung 4004 vor der Zeitenwende. Blieb das Datum. Da die Bäume bei der Schöpfung reife Früchte trugen, setze Ussher auf den Herbst. Zudem nahm er an, dass Sonne und Mond bei ihrer Schöpfung am vierten Tag eine besondere Position eingenommen haben mussten; im Herbst bot sich die Tag-und-Nacht-Gleiche an. Die schaute der Bischof in einem Tabellenwerk Keplers nach und kam so auf den 23. Oktober, ein Sonntag, weil Gott am siebten Tag, dem folgenden jüdischen Sabbat, ruhen sollte. Schließlich die Uhrzeit. Die Genesis sagt im vierten Vers, aus Abend und Morgen sei der erste Tag geworden, also nahm Ussher an, dass die Finsternis vor dem ersten Licht zwölf Stunden gedauert habe – so kurz vor dem Equinox ohnehin eine akzeptable Näherung. Fertig.

Es dauerte etwa 50 Jahre, bis Usshers Chronologie Einzug in die gedruckte Bibel hielt. Die englische King-James-Ausgabe übernahm sie in ihre Randnotizen, die Daten bekamen so für Christen in England wie Amerika einen offiziellen Stempel. In vielen Familienbibeln, die von Generation zu Generation weitergegeben werden, dürften die Jahreszahlen noch zu finden sein. Kein Wunder, dass sie vielen tiefgläubigen Christen in den USA bekannt sind.

Darwin widersprach ihnen daher schon mit seiner Annahme, die Entwicklung des Lebens habe Millionen Jahre gedauert. Daher nahm der Widerstand gegen sein Werk in den USA schnell organisierte Züge an. Gewiss, auch in seinem heimatlichen England hatten Theologen aufgeschrieen, aber 1865 wurde die Evolution an der Universität Cambridge schon im Examen abgefragt. In Amerika hingegen bekam die Kritik schnell eine besondere Note. Während sich das Land vom Bürgerkrieg erholte, machten Dinosaurier-Funde und die Gründung des American Museum of Natural History in New York 1869 die Evolution populär. Doch dann schrieb 1874, 15 Jahre nach der Veröffentlichung von *Origin of Species*, Charles Hodge vom Princeton Theological Seminary, der wohl einflussreichste Theologe seiner Zeit: »Was ist Darwinismus? Es ist Atheismus«. Er begründete das harsche Urteil damit, dass die Evolutionslehre das göttliche Design in der Natur bestreite. Später heizte Andrew Dickson White, der Gründungspräsident der Cornell University, die Debatte an, als er zunächst ein dünnes Büchlein, dann ein zweibändiges Werk über die »Geschichte des Krieges der Wissenschaften mit der Theologie« veröffentlichte. Er bestätigte damit indirekt, dass Evolution unvereinbar sei mit dem Glauben an Gott – im frommen Amerika war damit für viele Menschen klar, auf welcher Seite sie stehen wollten.

Diese Spaltung findet um 1922 ein Echo in dem berühmten Zitat des Politikers William Jennings Bryan: »Welchen Gewinn hätte ein Mensch davon, wenn er alles Wissen der Schule erwirbt und seinen Glauben an Gott verliert?« Bryan, der sich dreimal vergeblich als Kandidat der Demokraten um die Präsidentschaft bemüht hatte, ist auf der letzten Kampagne seines Lebens: Er organisiert den Widerwillen fundamentalistischer Christen gegen Darwins Lehre zur politischen Bewegung und will den Schulen verbieten lassen, die Evolution im Unterricht zu verbreiten. Bryans Kreuzzug hat bald Erfolge: Oklahoma und Florida verabschieden Verbote, im März 1925 folgt Tennessee. Dort untersagt es das Gesetz, »irgendeine Theorie zu lehren, die der biblischen Geschichte der göttlichen Schöpfung des Menschen widerspricht, und stattdessen zu lehren, dass der Mensch von einer niedrigeren Ordnung der Tiere abstammt«. Dieses Gesetz setzt Gouverneur Austin Peay am

21. März 1925 mit seiner Unterschrift in Kraft; und schon im Sommer entspinnt sich daraus eines der bemerkenswertesten Gerichtsverfahren der amerikanischen Rechtsgeschichte: der »Affen-Prozess« von Dayton.

Die Geschichte beginnt im lokalen Drug Store. Dort versammeln sich die Honoratioren des Städtchens, debattieren über den Bedeutungsverlust ihrer Gemeinde und über das neue Gesetz. Einer erzählt von einem Aufruf der jungen Bürgerrechtsbewegung ACLU (American Civil Liberties Union), die jedem ihre Unterstützung andient, der wegen des Anti-Evolutionsgesetzes angeklagt wird. So entsteht die Idee, dem Ort mit einem Musterprozess zu Bekanntheit zu verhelfen. Schnell wird John Scopes herbeizitiert, ein Lehrer an der örtlichen Schule, der offenherzig zugibt, beim Vertretungsunterricht in Biologie auch eine Hausaufgabe zur Evolutionstheorie gegeben zu haben; schließlich steht das Thema im staatlich anerkannten Schulbuch. Man kommt überein, dass Scopes dafür angeklagt werden soll – und der 24-jährige Lehrer stimmt dem zu, weil man »die Schlange am besten vernichtet, wenn sie anfängt, sich zu winden«, wie er später schreibt.

Der Plan der Honoratioren geht auf: Dayton erlangt nationale Berühmtheit. Die Anklage verpflichtet unter anderem den 65-jährigen William Jennings Bryan. Die Verteidigung wird von Clarence Darrow geleitet, einem berühmten Anwalt von 68 Jahren. Der Richter heißt John Raulston, auch er ist offenbar auf Publicity aus. In Dayton herrscht schnell Volksfeststimmung. Tausende Besucher kommen, eine Radiostation überträgt den Prozess live – eine Premiere in den USA. Auch zwei Schimpansen werden in die Stadt gebracht, schnell geht das Gerücht, sie seien als Zeugen der Anklage geladen. Am Sonntag, bevor der Prozess beginnt, predigt Bryan in der örtlichen Methodisten-Kirche, ganz vorne sitzt Richter Raulston mit seiner Familie.

In ihren Eröffnungsplädoyers hängen beide Staranwälte den Fall hoch. Bryan sagt: »Wenn die Evolution gewinnt, verschwindet das Christentum«. Darrow erwidert, hier stehe nicht Scopes vor Gericht, sondern die Zivilisation. Das staatliche Anti-Evolutionsgesetz mache die Bibel »zum Maßstab für jedermanns Intelligenz, für jedermanns Wissen«. Dann beweist die Anklage Scopes' Gesetzesverstoß eindeutig, dabei legt sie als erstes Beweisstück das 1. Buch Mose vor. Die Verteidigung versucht auf vielerlei Art, die Aussage von Wissenschaftlern über die Gültigkeit der Evolutionstheorie als Beweismittel einzuführen, aber der Richter blockt ab. Schließlich ruft Darrow seinen Kontrahenten Bryan als Experten für die Bibel in den Zeugenstand.

Eine inzwischen legendäre Vernehmung beginnt. Wegen der Hitze und dem Andrang verlegt der Richter die Befragung aus dem Gerichtssaal nach draußen. Bryan, der sich anfangs seiner Bibelkenntnis rühmt, bricht im Lauf der Befragung ein und muss zugeben, dass wohl doch nicht alles so wörtlich zu nehmen sei, wie es dort zu lesen steht. Zum Beispiel sei es durchaus möglich, dass jeder einzelne Tag der Schöpfung 600 Millionen Jahre gedauert habe. Der Richter jedoch erklärt das Gespräch tags drauf zu einem nicht verwertbaren Beweismittel. Bei den Schlussplädoyers klagt Darrow, das Gericht habe der Verteidigung keine Beweismittel gestattet und bittet die Geschworenen dann, Scopes schuldig zu sprechen, damit das Urteil von einer höheren Instanz überprüft werden kann. Bryan kann darum gemäß der Verfahrensordnung seine Rede, die er über Wochen vorbereitet hatte, nicht mehr halten (er stirbt sechs Tage später noch in Dayton nach einem reichhaltigen Abendessen, aber viele halten ein gebrochenes Herz für die wahre Todesursache). Die Jury folgt Darrows Antrag und der Richter verurteilt Scopes zur Mindeststrafe laut Gesetz: 100 Dollar Geldstrafe.

Ein Jahr später kassiert das Oberste Gericht von Tennessee den Schuldspruch wegen einer Formalie: Nicht der Richter, sondern die Jury hätte die Höhe der Geldstrafe festsetzen müssen. Und weil die Anklage keinen neuen Prozess will, bekommt auch die Verteidigung keine Chance mehr, ihre Argumente vor den Supreme Court in Washington zu tragen. Dieser erklärte Gesetze wie das von Tennessee erst 1968 für verfassungswidrig; ein Jahr zuvor hatte der Staat sein Gesetz aufgehoben. Der Ausgang des Prozesses war also eher unentschieden. Dennoch haben die Vorkämpfer der Evolutionslehre vor allem den öffentlichen Schaukampf der beiden Anwälte als Erfolg für sich verbucht. Die *New York Times* beschrieb das Verhör als »die erstaunlichste Gerichtsszene in der angelsächsischen Geschichte«. Allerdings wurde auch Darrow für seinen ruppigen Umgang mit Bryan kritisiert und für seine hartherzige Reaktion, als er von Bryans Tod hörte. Immerhin verabschieden danach nur noch zwei Staaten, Mississippi und Arkansas, ein solches Gesetz. Unter der Hand aber verschwindet die Evolution durch einen viel effektiveren Mechanismus aus dem Unterricht: Schulbuchverlage, die um ihre Verkäufe im amerikanischen Herzland und im Süden fürchten, lassen das Thema einfach aus. In den frühen 1940er-Jahren, so wird geschätzt, nimmt nicht einmal jeder zweite Lehrer das Thema im Unterricht durch.

Erst mit dem Sputnik-Schock 1957 geht ein Ruck durch das Land: Da haben es doch die Russen tatsächlich als Erste geschafft, einen funktionierenden Satelliten ins All zu schießen! Die Regierung in Washington startet eine Kampagne für eine bessere Ausbildung in den Naturwissenschaften. Die National Science Foundation fördert Schulbücher, die die Evolution als »Kette und Schluss der modernen Biologie«[5] darstellen. Auch im Süden erfahren die Schüler jetzt etwas von Darwins Lehre. Doch diese Ausrichtung auf die Naturwissenschaften, die bis heute den Ruf der Forschungsnation USA prägt, findet schon vier Jahre später ihren Gegenpol: 1961 veröffentlichen Henry Morris, ein Hydraulikingenieur, und John Whitcomb, ein Gelehrter für das Alte Testament, das Buch *The Genesis Flood*. Sie behaupten darin, wissenschaftliche Erkenntnisse unterstützten die These, die Erde sei erst vor wenigen Tausend Jahren geschaffen worden. Sie verschaffen damit einer bis dahin sehr kleinen Schar von Kreationisten großen Zulauf. Denn die christlichen Fundamentalisten jener Zeit eint zwar die Ablehnung der Evolutionstheorie, aber es gibt verschiedene Denkrichtungen, wie das Buch Genesis zu interpretieren sei.

Da gibt es zunächst die Vertreter der Gap-These. Sie halten es für möglich, dass eine lange Zeit verstrichen sei zwischen dem Anfang, an dem Gott Himmel und Erde geschaffen habe, und dem Beginn der sechs Tage der Schöpfungsgeschichte vor ungefähr 6000 Jahren. Mit diesem Denkmodell sind die Befunde der Astronomie und Plattentektonik zu vereinbaren, aber nicht die Evolution der Tiere. Eine zweite Gruppe meint, die biblischen Tage seien in Wahrheit Zeitalter gewesen; sie verweisen auf das vom Urtext der Genesis benutzte hebräische Wort »Yom«, das beides bedeuten kann. Das macht zwar eine Evolution der Tiere möglich, aber sicherlich keine Abstammung des Menschen von Vorfahren, die er mit dem Menschenaffen teilt. Doch mit dem Buch von Morris und Whitcomb gewinnen die Junge-Erde-Kreationisten die intellektuelle Lufthoheit. Sie nehmen die Schöpfungsgeschichte völlig wörtlich und glauben an die Chronologie des Bischofs Ussher. Sie verachten die anderen Strömungen der Kreationisten, die faule Kompromisse mit der Naturwissenschaft eingegangen seien.

Die Bewegung, die Morris und Whitcomb angestoßen haben, gibt sich bald Strukturen. 1963 gründet Morris mit neun Gleichgesinnten die Creation Research Society. Unter den ursprünglichen zehn Mitgliedern sind fünf promovierte Biologen und ein promovierter Biochemiker. Der eine Geologe hingegen brüstet sich mit einem erschwindelten Mastertitel. Dennoch: So viele akademische Titel hatte noch keine kreationistische Gruppe zusammengebracht. 1970 gründet Morris in San Diego das Institute for Creation Research (ICR), das später staatlich als Hochschule anerkannt wird und Mastertitel in Astro- und Geophysik, Biologie, Geologie und Science Education vergibt, also auch Lehrer ausbildet. Louisiana und Arkansas verabschieden bald Gesetze, dass im Schulunterricht auch Schöpfungs-Wissenschaft vorkommen müsse, wenn die Evolutionslehre behandelt werde; der Supreme Court kassiert die Bestimmungen erst 1987 – trotz einer Fürsprache von Präsident Ronald Reagan für die Schöpfungslehre. Morris' Einfluss ist so groß, dass ihm die *Washington Post* bei seinem Tod im Februar 2006 einen Nachruf widmet.

Noch in den 1990er-Jahren glauben laut Umfragen 47 Prozent der Amerikaner, die Menschen seien in einem besonderen Akt der

Schöpfung in den vergangenen 10 000 Jahren auf die Erde gekommen, auch ein Viertel der College-Absolventen stimmt zu. In diesem Klima werden die Argumente, die Kreationisten gegen die Evolutionslehre vorbringen, gern gehört. Sie stammen von einer unüberschaubaren Anzahl von Gruppen oder Einzelpersonen – und die einzelnen Fraktionen der Kreationisten sind einander nicht unbedingt grün. Ihre Behauptungen, oft in die äußere Form wissenschaftlicher Einwände gekleidet, füllen Bücher, Broschüren und Webseiten.

Wir wollen hier versuchen, eine Auswahl dieser Argumente darzustellen. Um im Kapitel 6 die Antwort von Evolutionsforschern besser zuordnen zu können, werden die Thesen der Kreationisten im Folgenden durchnummeriert.

Das ICR hat in den vergangenen Jahren vor allem versucht, alternative wissenschaftliche Erklärungen für natürliche Phänomene zu verbreiten und mit Experimenten zu belegen. Sie sollen heutige Messungen mit einer Schöpfung der Welt vor etwa 6000 Jahren in Einklang bringen. Dazu hat das Institut ein Forschungsprogramm namens RATE (Radioisotopes and the Age of The Earth, Radioaktivität und das Alter der Erde) aufgelegt, von deren Ergebnissen die Professoren des Instituts meist in Konferenzberichten eigener Veranstaltungen oder in hauseigenen Publikationen berichten. Einer wissenschaftlichen Prüfung durch unabhängige Gutachter haben sich die Autoren nicht unterzogen.

These 1: Die Erde ist jünger als 10 000 Jahre. Die Form ihrer Gebirge und Schluchten wie der Grand Canyon sind vor etwa 4500 Jahren entstanden, als die Erde von der Sintflut bedeckt war und das Wasser wieder ablief. In der Flut sind auch alle Tiere und Pflanzen umgekommen, die heute in verschiedenen Erdschichten versteinert gefunden werden.

These 2: Die Zerfallsrate radioaktiver Elemente war in der Vergangenheit höher: So kann es sein, dass eine Datierung von Gestein, die Uran und seine Zerfallsprodukte vergleicht, das Alter in Milliarden Jahren misst, während es tatsächlich nur wenige Tausend Jahre sind.

These 3: Auch die Lichtgeschwindigkeit war früher höher. Das erklärt, warum uns manche Sterne Milliarden Lichtjahre weit entfernt erscheinen, obwohl die Sterne am vierten Tage der Schöpfung geschaffen wurden.

These 4: Das ganze Universum ist von Gott so geschaffen worden, dass es den Eindruck großen Alters vermittelt. In Wirklichkeit aber ist es so jung, wie es zum Beispiel der Kalender des Bischofs Ussher besagt. Diese so genannte Omphalos-Hypothese beruht auf dem Gedanken, dass auch Adam und Eva einen Bauchnabel gehabt haben müssen, obwohl sie ja niemals im Bauch einer Mutter durch eine Nabelschnur ernährt worden sind. Die Bibel äußert sich nicht zu dieser Frage.

Eine zweite Kategorie kreationistischer Argumente beschränkt sich darauf, Zweifel an den Erkenntnissen der etablierten Forschung zu wecken.

These 5: Die Evolution beruht darauf, dass Mutationen im Erbgut geschehen, durch die Lebewesen besser oder schlechter an die Bedingungen angepasst sind. Doch solche Mutationen sind zu selten.

These 6: Die Chance, dass sich auch nur ein Protein durch Zufälle bildet, ist eins zu 10^{113} oder eins zu 10^{390}, je nachdem wie lang das Protein sein soll. Wenn das rein zufällig geschehen soll, vergeht mehr Zeit als die Forschung als Alter des Universums (13,8 Milliarden Jahre) angibt.

These 7: Der zweite Hauptsatz der Thermodynamik besagt, dass die Ordnung auf der Erde nicht zunehmen kann; Evolution aber ist ein Prozess, der Ordnung schaffen will.

These 8: Methoden der Datierung von Gesteinen und Fossilien ausgestorbener Lebewesen beruhen auf unbeweisbaren Annahmen: Insbesondere weiß niemand, wie viele Atome eines radioaktiven Kerns und wie viele Atome seiner Zerfallsprodukte bereits in dem Material vorhanden waren, als es tief in der Erde begraben wurde.

These 9: An manchen Stellen der Erde wurden menschliche Fußabdrücke direkt neben Dinosaurier-Spuren entdeckt.

These 10: Wenn die Bibel in ihren historischen und wissenschaftlichen Aussagen nicht recht hat, dann sind auch ihre Heilsversprechen unglaubwürdig.[6]

Diese Thesen lesen sich für Europäer ausgesprochen merkwürdig: Wie können das so viele Menschen ernsthaft glauben? Tatsächlich gibt es auch in Deutschland und Nachbarländern Anhänger dieser Thesen, aber sie haben nicht annähernd so viel Einfluss wie die Kreationisten in den USA. Warum also ist Amerika das Mutterland des Kreationismus? Zunächst sind da zwei historische Faktoren. Die USA ist von vielen Gruppen besiedelt worden, die ihres Glaubens wegen in Europa verfolgt worden sind oder sich jenseits des Atlantiks größere Freiheit erhofften. Zum Beispiel nennt man die ersten Siedler in New England, die 1620 mit der *Mayflower* angekommen waren, die»Pilgrim Fathers« (Pilger-Väter), weil sie einer in England bedrängten Glaubensrichtung angehörten. Solche Gruppen siedelten oft in eng verwobenen Gemeinden, in denen sich die Menschen verschiedener Generationen gegenseitig in ihrem Glauben bestärkten. Und wo die neuen Siedlungen nicht von einer gemeinsamen Konfession zusammengeschweißt wurden, da wählten sie sich oft mangels Alternative einen Mann aus ihrer Mitte zum Priester, dessen einzige Qualifikation gottesfürchtiges Auftreten und eine profunde Kenntnis der Bibel waren: Wie anders als wörtlich sollte er das Buch auch verstehen? Ein akademisches Studium wie die Priester in Europa hatten diese Prediger nicht absolviert.

Damit verwoben ist der zweite historische Faktor: Viele Siedlungen des jungen Landes wurden irgendwo weit vor der augenblicklichen Grenze gegründet, das Land der Natur und den Ureinwohnern abgetrotzt. In solchen Niederlassungen war der Zentralstaat nicht präsent. Was die Menschen an staatlichen Funktionen und Autoritäten haben wollten, mussten sie selbst organisieren: Sie wählten einen Sheriff, gründeten eine Schule und stellten einen Lehrer an. Für keinen dieser Funktionsträger gab es eine übergeordnete Kontrolle außer der Bürgerschaft, sie bestimmte lokale Gesetze und den Lehrplan. Das ist noch heute so, die USA haben

46

17 000 unabhängige Schuldistrikte, die autonom in ihren Entscheidungen sind. »Wer das ändern will, handelt auf eigene Gefahr«, sagt Eugenie Scott, Leiterin des National Center für Science Education, das die Qualität des Wissenschafts-Unterrichts gegen Angriffe von Kreationisten verteidigt. »Politiker lassen also die Hände davon.« Daher ist in den USA noch heute die Ansicht weit verbreitet, die Eltern müssten allein bestimmen können, was ihre Kinder in der Schule lernen.

Dieses Vorrecht empfinden viele Eltern derzeit als bedroht. Die Zentralregierung in Washington hat ein Bildungsgesetz in Kraft gesetzt: »No child left behind« (Kein Kind wird zurückgelassen). Es führt 2007 nationale Standards der wissenschaftlichen Schulbildung ein, alle Kinder sollen darin einen Test absolvieren. »Was im Test steht, wird auch gelehrt«, sagt Eugenie Scott. »Daher versuchen die Kreationisten zurzeit, die Bildungsstandards der Einzelstaaten zu beeinflussen, denn nach denen richtet sich der Test.« Und wenn die Evolution dort in Zweifel gezogen wird, so offenbar das Kalkül, wird es kein paukbares Schulwissen, und in den Köpfen der Kinder kann das fest gefügte Weltbild der Kreationisten gegen Darwins Lehre obsiegen. Da es allerdings der oberste Gerichtshof in Washington verboten hat, die Schöpfungswissenschaft nach Morris im Biologie-Unterricht zu behandeln, versuchen es die Kreationisten nun mit der Lehre vom Intelligent Design (siehe Kapitel 5), oder sie beharren darauf, die Kinder über die Kontroverse »innerhalb« der Evolutionsforschung aufzuklären – eine Kontroverse, die die Kreationisten mit ihren Argumenten in wissenschaftlichem Duktus herbeireden.

Hinzu kommt, dass die Evolutionslehre von den Repräsentanten eines anderen Amerika vertreten wird, den Intellektuellen aus den Küstenstaaten, den Professoren von den Universitäten. Genau daher kommen für die Bürger des Bible Belt auch solche »Verfehlungen« wie Homosexualität, Pornographie und Abtreibung. Da ihnen meist die Toleranz für andere Lebensentwürfe fehlt, empfinden sie die Einstellung liberaler Bundesstaaten als hedonistische Ersatzreligion. Diese Wahrnehmung gipfelte 1994 in der Klage eines kreationistischen Lehrers gegen seinen Schuldistrikt in Südkalifornien, dieser zwinge ihm die Religion des sekulären Humanismus auf, wenn er ihn zum Evolutions-Unterricht verpflichte. Das zuständige Bundesgericht für Kalifornien aber wies die Klage ab: Evolution sei eine Wissenschaft, keine Religion.

Wenn sich also Europäer wundern, woher denn in der aufgeklärten Nation USA solche rückwärtsgewandten Gedanken kämen, dann erliegen sie einem Irrtum. Die USA haben eben keine gerade Entwicklung zu einer fortschrittlichen Nation hinter sich, und sie erleben auch nicht im Moment einen vorübergehenden Rückfall in längst vergessene Zeiten. »Es gab schon immer Spannungen zwischen Wissenschaft und der Politik, aber ich würde sagen, dass wir diese Angriffe aus der Verbindung zwischen Industrie und religiöser Rechte vermehrt seit der Regierungszeit Ronald Reagans sehen. Damals wurde der saure Regen heruntergespielt, und Reagan bekannte sich zum Kreationismus«, sagte der amerikanische Wissenschaftsjournalist und Buchautor (*The Republican War Against Science*) Chris Mooney im Oktober 2005 im Interview mit der *Süddeutschen Zeitung*. Amerika ist ein Land, das von fundamentalistischen Christen geprägt worden ist. Es ist nach dem Sputnik-Schock für das Rennen ins Weltall kurz aus seiner Geisteshaltung erwacht, es hat Nobelpreisträger produziert und zwölf Menschen auf den Mond gebracht – und ist längst zurückgefallen. Das hat bisher bloß kaum jemand gemerkt.

»Kein beiläufiges, bedeutungsloses Produkt der Evolution«

3. Kapitel: Welche Fortschritte die Schöpfungslehre in Deutschland und Europa gemacht hat

Die Jahre zwischen 2002 und 2005 waren eine gute Zeit für Siegfried Scherer. Erst erhielt der Mikrobiologe 2002 einen Ruf an die Veterinärmedizinische Universität Wien, dann hat seine eigene Hochschule, die Technische Universität München (TUM), um den Jahreswechsel 2003/2004 einen neuen Lehrstuhl für »Mikrobielle Ökologie« geschaffen, um ihn zu halten. »Scherer hat sich an der Nahtstelle zwischen Grundlagenforschung und der Lebensmittelproduktion einen großen Namen gemacht«, bescheinigte ihm TUM-Präsident Wolfgang Herrmann. 2005 bekam Scherer dann zwei Preise, die seine Leistung auf beiden Aufgabenfeldern eines Professors würdigten: Die Studierenden der Fachschaft Biologie verliehen ihm den »Preis für gute Lehre 2004/2005«. Und die Arbeitsgemeinschaft industrieller Forschungsvereinigungen würdigte seine Forschung mit dem Otto-von-Guericke-Preis; er habe eine Methode zur Analyse von Keimen in Lebensmitteln so vereinfacht, dass Firmen sie nun im eigenen Betriebslabor anwenden könnten, so die Begründung.

Und dann war da noch der »Deutsche Schulbuchpreis 2002«, der Scherer weitaus mehr Publicity verschafft hat als alle akademischen Ehren. Die Auszeichnung ist ihm und seinem Ko-Autor Reinhard Junker für *Evolution – ein kritisches Lehrbuch* verliehen worden. Das Werk, das bereits für die sechste Auflage überarbeitet wird, stellt die »Schöpfungslehre« als Gegenposition zur Evolutionslehre dar. Zudem behauptet es, dass »Ursprung und Geschichte des Lebens als vergangene Ereignisse grundsätzlich nicht ohne weltanschauliche Grenzüberschreitung erforscht werden können«.

49

Die Deutung der empirischen Fakten durch die etablierte Forschung und die Interpretation der beiden Autoren seien also zunächst gleichwertig – diesen Eindruck will zumindest die Werbung
auf der Webseite der »Studiengemeinschaft Wort und Wissen« erwecken.

Damit sind die Fronten klar: Die Studiengemeinschaft, der beide
Autoren eng verbunden sind, vertritt »eine biblische Schöpfungslehre«. Junker, ein ausgebildeter Gymnasiallehrer für Mathematik
und Biologie mit einer Promotion in Theologie, ist hauptamtlicher
Mitarbeiter des Vereins, Scherer war fast neun Jahre bis Anfang
2006 ihr Vorsitzender. Auch der »Deutsche Schulbuchpreis« wird
von einem christlichen Verein verliehen, der schlicht Titelschutz
für den offiziell klingenden Namen in Anspruch genommen hat.
Laut Satzung wird der Preis für Bücher verliehen, die den Schülern
unter anderem »Ehrfurcht vor Gott« vermitteln. In anderen Jahren
hat der Verein ohne große Anteilnahme der Öffentlichkeit Reli-
gionsbücher oder Schulbibeln geehrt. Ende 2002 jedoch wurde
besonders ein Laudator registriert: Dieter Althaus, damals CDU-
Fraktionsvorsitzender im thüringischen Landtag, seit 2003 Ministerpräsident des Landes. Er lobte das Buch laut *Süddeutscher Zeitung* als »sehr gutes Beispiel für werteorientierte Bildung«. Und
weiter: »Die Evolutionsgläubigen verallgemeinern ihre scheinbar
in sich schlüssige Theorie und lassen für die Möglichkeiten der
Schöpfung keinen Raum.«

Dennoch hat kein Bundesland, auch nicht Thüringen, das Buch
als Schulbuch zugelassen. Mitverantwortlich dafür war eine Inter-
vention des Verbandes Deutscher Biologen. Dessen damaliger Präsident hatte schon 2001 an alle Kultusministerien geschrieben:
»Für den Wissenschaftsstandort Deutschland wäre es geradezu
verheerend, wenn ein derart ideologisch motiviertes Buch in der
Schule Grundlage für die Ausbildung im Fach Biologie/Evolution
werden würde.« Großen Anteil daran, dass Scherers Buch und sein
Einfluss überhaupt in Deutschland so groß diskutiert werden, hat
der Kasseler Evolutionsbiologe Ulrich Kutschera. Er schildert die
Diskussion um das »Kritische Lehrbuch« in seinem Buch *Streit-*

punkt Evolution ausführlich – genau wie einige andere Debatten um Webseiten oder Videofilme. Ohne seine Arbeit wüsste wohl kaum jemand, dass es auch in Deutschland eine aktive Kreationisten-Szene gibt. Sie ist aus den USA beeinflusst, aber sie hat auch eigene Wurzeln. Zum Beispiel haben gläubige Christen schon in den 1950er-Jahren die darwinsche Lehre als Vorläufer der Nazi-Ideologie betrachtet und darum verdammt[7].

Die Kreationisten sind in Deutschland nicht so lautstark wie in den USA, doch repräsentative Umfragen ergeben erstaunliche Zahlen. Zum Beispiel sagten laut *Spiegel* im Dezember 2005 immerhin 16 Prozent der Befragten, Gott habe den Menschen in seiner heutigen Form geschaffen, so wie es in der Bibel stehe. Weitere 33 Prozent nahmen an, der Mensch habe sich zwar über die Jahrmillionen entwickelt, aber Gott habe diesen Prozess gesteuert. Nur 46 Prozent waren überzeugt, es habe dabei keine Hilfe von oben gegeben[8]. Diese Zahlen sind im langjährigen Vergleich recht stabil, Umfragen von 2002 und 1996 ergaben ähnliche Werte: Jeweils um die 20 Prozent sagten dort, die Evolutionstheorie sei wahrscheinlich oder mit Sicherheit falsch. In anderen Ländern Europas lagen die Vergleichszahlen zwischen 12 Prozent (Frankreich) und 23 Prozent (Niederlande, Polen).

Vielen dieser Gegner erscheint offenbar die Lehre vom Intelligent Design attraktiv; auch Scherer und Junker vertreten sie. Sie alle werteten es daher als positives Zeichen, als im Juli 2005 der Wiener Kardinal Christoph Schönborn in einem Gastkommentar in der *New York Times* schrieb:»Jedes Denksystem, das die überwältigenden Beweise für Design in der Biologie bestreitet oder wegerklären will, ist Ideologie und keine Wissenschaft.« Die katholische Kirche könne die Evolution nicht als ungeleiteten, ungeplanten, zufälligen Prozess akzeptieren. Und dann zitierte er seinen Freund, den soeben zum Papst gewählten Kardinal Joseph Ratzinger:»Wir sind kein beiläufiges, bedeutungsloses Produkt der Evolution.« Plötzlich schien der Friede, den der Vatikan mit der Evolutionstheorie gemacht hatte, aufgekündigt (zur Position des Vatikan siehe Kapitel 7). Plötzlich schienen auch die Kreationisten verschiedenster Ausprägung Rückenwind zu haben. Plötzlich wurde die Evolution auch zum Medienthema: *Süddeutsche Zeitung* und *Frankfurter Allgemeine* publizierten Artikelserien, Zeitschriften und Fernsehsender stiegen ein.

Welche konkreten Folgen die Opposition gegen Darwins Lehre auch in Deutschland hat, zeigt das Beispiel der Sekte »Zwölf Stämme«, eines Ablegers einer amerikanischen Glaubensgemeinschaft. Die Mitglieder leben auf einem Gut im bayerischen Schwaben und haben sich lange geweigert, ihre etwa 30 Kinder in die Schule zu schicken. Diese sei grundsätzlich »verdorben«; einige Väter sind für ihre Weigerung sogar in Beugehaft gegangen. Am Ende jedoch lenkte die Staatsmacht ein: Seit 2006 darf die Sekte ihre Kinder selbst unterrichten. Sexualkunde und die Evolutionslehre hat sie vom Lehrplan gestrichen. Ähnlich ist die Situation für etwa 550 Kinder, deren Eltern sich weigern, ihren Nachwuchs auf staatliche Schulen zu schicken. Vertreten werden sie von einem Verein namens »Schule zu Hause«. Zwar hat das Bundesverfassungsgericht im Juni 2006 die Klage eines fundamentalistisch-christlichen Paars aus Hessen verworfen, das das Recht reklamiert hatte, die Kinder daheim zu unterrichten. Aber den Fall der »Zwölf Stämme« halten Kritiker für einen gefährlichen Präzedenzfall, auf den sich andere nun berufen könnten.

Auf politischer Ebene aber blieben Siegfried Scherer und Dieter Althaus im Zentrum der Berichterstattung. Der Ministerpräsident nämlich hatte Scherer und Kutschera für Januar 2006 zusammen zum »Erfurter Dialog« in die Staatskanzlei eingeladen. Die Podiumsdiskussion wurde aber wieder abgesagt: Althaus geriet wegen der Einladung in heftige Kritik, fundamentalistische religiöse Positionen zu fördern. Und Kutschera lehnte es ab, mit Scherer zu diskutieren. Denn dieser betrachtet seinen christlichen Glauben nicht als Privatsache, sondern erhebt ihn zur Maxime wissenschaftlicher Arbeit. Der schweizerischen, christlichen Zeitschrift *Factum* hatte Scherer 2003 gesagt: »Folgende Begriffe sind für mein persönliches Leben zentral: Gott – Liebe – Wunder. Ich sehe für die Begriffe in einem evolutionär-materialistischen Weltbild keinen Raum.«[9] Konkreter wurde er in einem Gespräch mit der christlichen Nachrichtenagentur Idea im Herbst 2005: Hier legte er seinen Glauben dar, »dass der Tod eine Folge des Sündenfalls des ersten Menschenpaares Adam und Eva ist. Vorher sind Menschen (und auch Tiere) nicht gestorben. Aus dieser theologischen Sicht heraus versuche ich zu verstehen, wie sich z. B. die Menschenfossilien, die ja alle einen gewaltsamen Tod anzeigen, auf Adam und Eva zurückführen lassen.« Eine solche Position sei wissenschaftlichen Argumenten nicht mehr zugänglich, sagt Kutschera, die Diskussion also sinnlos.

Noch intensiveren Streit hatte der Kasseler Biologe mit einem wissenschaftlichen Mitarbeiter des Kölner Max-Planck-Instituts für Züchtungsforschung (MPIZ), Wolf-Ekkehard Lönnig. Der Genetiker, ein Zeuge Jehovas, hatte jahrelang den Internetauftritt des Instituts genutzt, um auf Hunderten von Seiten seine Meinung über Evolution und Schöpfung zu verbreiten. Wie Scherer hängt Lönnig der ID-Variante des Kreationismus an. Und so zeigten die Seiten das offizielle MPIZ-Logo und darunter die wissenschaftlich anmutende Kritik an der Evolutionstheorie, die ja schließlich – laut Darwins Buch *Origin of Species* – starke Wurzeln in der Züchtungsforschung hat. Dazwischen stand der kurze Hinweis, dass die folgenden Dokumente die private Meinung von Lönnig, aber nicht die offizielle Position des Instituts darstellten.

Wie viele andere Biologen war Kutschera der Meinung, die Seiten hätten dennoch nichts auf der Homepage des MPIZ zu suchen, Lönnig könne sie auf seiner privaten Webseite präsentieren. Doch damit biss der Kasseler Forscher zunächst auf Granit: Lönnigs Chef, der Direktor der Abteilung für molekulare Pflanzengenetik Heinz Saedler, antwortete, er werde Lönnig auch in Zukunft Meinungsfreiheit zubilligen. Dieser selbst berief sich auf das Grundgesetz, wonach Wissenschaft, Forschung und Lehre frei seien. Zunehmend erhitzte Briefe gingen von Kassel nach Köln und zurück, bis schließlich der Präsident der Max-Planck-Gesellschaft Peter Gruss eingriff. Ulrich Kutschera hatte inzwischen das britische Wissenschaftsmagazin *Nature* eingeschaltet, und plötzlich erschien es den vier Direktoren des MPIZ doch ratsam, Lönnigs Seiten zu sperren, um den Image-Schaden für das Institut zu begrenzen.

Solche Beispiele kennt Kutschera noch einige: 1999 etwa boten Kreationisten an einer staatlichen Akademie in Bayern eine Fortbildungsveranstaltung für Biologielehrer an und veröffentlichten ihre Referate anschließend in entsprechenden Fachzeitschriften, die Lehrern »didaktisch aufbereitete Beiträge« anbieten. Oder sie traten als Interviewpartner in evolutionskritischen Fernsehbeiträgen auf, von denen einer im Oktober 1998 vom Sender Freies Berlin sogar ausgestrahlt wurde; seither ist der Beitrag im öffentlichen Fernsehen zwar gesperrt, wird aber mit zwei Fortsetzungen erfolgreich auf Videokassetten und DVDs vertrieben – auch »Wort und Wissen« hat die Filme im Angebot.

Nahezu unüberschaubar ist die Szene. Dazu gehört zum Beispiel auch die Webseite www.nikodemus.net, die vom Verein Evangelischer Rundfunk in Wetzlar getragen wird. Das Internetangebot verspricht »Antworten auf Glaubensfragen«, und wer ein wenig herumklickt, findet die theologische Motivation, die alle Beiträge auf der Seite gleichermaßen prägt: »Wir bekennen uns zur göttlichen Inspiration der Heiligen Schrift, ihrer völligen Zuverlässigkeit und höchsten Autorität in allen Fragen des Glaubens und der Lebensführung«.

Entsprechend fallen die Antworten aus. Ein Leser fragt zum Beispiel, ob der Mensch wirklich vom Affen abstamme, die Fundstücke von Vor- und Frühmenschen widersprächen seinem Glauben an die Schöpfungsgeschichte. In der Antwort zählt ein Nikodemus-Mitarbeiter sieben Fossilienfunde auf, die angeblich zu den wichtigsten zählen. Darunter sind zwei Fälschungen – auch die Paläoanthropologie hat solche Skandale erlebt. Hinzu kommen der Neandertaler und zwei verschiedene Homo-erectus-Funde, alle drei seien eindeutig Menschen; die restlichen beiden seien sehr affenähnlich und keine Vorfahren des Menschen. Die Auflistung zeige also: Jeder Fund lasse sich entweder der Art Mensch oder der Art Affe zuordnen, es gebe also keinen Widerspruch zur Bibel. Quod erat demonstrandum, oder?

Tatsächlich lässt der Antwortgeber ein gutes Dutzend Arten einfach weg. Sie machen 4,5 Millionen Jahre der bekannten Entwicklungsgeschichte aus, beherrschten alle schon den aufrechten Gang und zeigen mögliche Zwischenstufen zwischen unseren affenähnlichen Vorfahren und dem modernen Menschen. Doch auf eine Nachfrage, warum er den größten Teil der Fossilien außer Acht gelassen habe, beharrt der Nikodemus-Mitarbeiter in einer E-Mail, nur die von ihm aufgezählten Fossilien seien relevant: »Diese Funde waren zumindest von christlicher Seite bis zu diesem Zeitpunkt untersucht worden. Darum ist es richtig, über noch nicht untersuchte Fälle zu schweigen.«

Nicht ganz so einfach ist es, hinter das System von Hans-Joachim Zillmer zu kommen. Der promovierte Bauingenieur hat seit 1998 fünf Bücher geschrieben, von *Darwins Irrtum* bis *Die Evolutionslüge*, die sich offenbar prächtig verkauft haben. In seinen atemlos wirkenden Zeilen hängt Zillmer Fakten aneinander, deren Relevanz oder Gültigkeit der Leser oft nicht nachvollziehen kann. Seine Hauptthese ist, dass die Gestalt der Erde erst vor 5000 Jahren durch mehrere Superfluten geformt wurde, die sich über die Kontinente ergossen; in der Folge habe sich die Lage der Drehachse der Erde verändert und die Schwerkraft vergrößert, so dass frühere Riesentiere wie das Mammut den neuen Verhältnissen nicht mehr standhalten konnten und ausstarben. Eine Evolution habe in der Zeit nicht stattgefunden, jedenfalls nicht im Sinne des Entstehens neuer Arten aus älteren.

Offenbar ist Zillmer nicht religiös motiviert, obwohl er, wo immer es in seine Argumentation passt, Veröffentlichungen der amerikanischen Kreationisten zitiert. Zum Beispiel übernimmt er in *Die Evolutionslüge* zustimmend eine Passage von Jonathan Wells, einem Fellow des Discovery Institute, der Denkfabrik der ID-Verfechter in Seattle: »Kritiker (der Evolution) werden als unwissenschaftlich gebrandmarkt, die Veröffentlichung ihrer Beiträge wird von den maßgeblichen Journalen verweigert. ... In diesem Prozess verschwindet jeglicher Beweis gegen die darwinsche Anschauung einfach, gerade so wie Zeugen gegen die Mafia.« Das ist ein klassisches Argument von Anhängern von Verschwörungstheorien. Die Weigerung der Vertreter etablierter Erklärungen, sich mit den wirren Meinungen ihrer Kritiker zu beschäftigen, hält dann gleich als Beleg für die Existenz der Verschwörung her. Immer wieder argumentiert Zillmer daher mit obskuren, wissenschaftlich nicht abgesicherten Fundstücken. Darunter eine Goldkette, die angeblich in einen Hunderte von Millionen Jahre alten Kohlebrocken eingebettet war, und ein »Fußabdruck« in 570 Millionen Jahre altem Schiefer, wo der Absatz einen Triboliten, ein Urtierchen, zerquetscht hat. Hinzu kommen Artikel aus Provinzzeitungen wie dem *Edmonton Journal* oder der *Denver Post* oder aus wissenschaftlichen Journalen wie dem *Scientific American* – von 1852. Gern zitiert Zillmer auch seine früheren Bücher, in denen er dieses oder jenes schon gezeigt habe. Stets werden seine Argumente umso kräftiger, je öfter er sie benutzt: Kleidet er sie anfangs noch als Frage oder Annahme, erlangen sie Beweiskraft, wenn er wieder und wieder darauf zurückkommt.

Trotz seiner Pauschalkritik am offiziellen Wissenschaftsbetrieb aber findet Zillmer auch in dem gescholtenen Wissenschaftsjournal *Science* berichtenswerte Artikel. So einen Aufsatz aus dem Jahr 2000, in dem die Autoren nachzeichnen, wie sich die Magnetpole der Erde in den vergangenen 120 Millionen Jahren bewegt haben. Das Magnetfeld des Planeten ist tatsächlich höchst dynamisch. Zillmer aber übersetzt einen Satz aus der Zusammenfassung falsch. Dort ist von der »Spin axis« der Erde die Rede, womit die Achse des Magnetfeldes gemeint ist, doch Zillmer überträgt das als »Drehachse«, also die Verbindung der *geografischen* Pole, die die Rotation unseres Planeten definiert. Auch diese Achse bewegt sich gegen den Erdball, aber die Veränderung macht nur Bruchteile von Bogensekunden aus, während die Magnetpole um viele Grad erratisch wandern. Zillmer scheint die Verwechslung ganz willkommen zu sein, er nutzt sie zur rhetorischen Frage, wie denn die Dinosaurier vor 84 Millionen Jahren die heftige Kippung der Erdachse überlebt haben sollten, um dann vor 65 Millionen Jahren einem Asteroiden-Einschlag zum Opfer zu fallen. Da sich in Wirklichkeit nur die Magnetachse verändert hat, bekamen die Saurier vielleicht Probleme mit der kosmischen Strahlung, aber sicherlich nicht mit einer veränderten Rotation der Erde.

Letztes Beispiel für Zillmers Umgang mit Fakten: Er berichtet von einer Expedition des renommierten Dinosaurierforschers Paul Sereno aus Chicago. Das Team hatte im afrikanischen Niger in den obersten Schichten des Saharasandes neben Dinosaurierknochen auch menschliche Skelette sowie den Schädel einer Kuh gefunden. Die Forscher würdigen die Entdeckung als bedeutenden Fund einer menschlichen Siedlungsstätte der Tenere-Kultur in einem Gebiet, wo in den vergangenen 5000 Jahren eine fruchtbare Landschaft der Wüste gewichen ist – dieser Prozess hat alle Knochen in dem Gebiet gleichermaßen freigelegt. Zillmer jedoch erweckt den Eindruck, als hätten Menschen, Kühe und Dinosaurier nach Lage der Fundstücke gleichzeitig gelebt. Zum Glück hat er nicht bemerkt, dass die Forscher bei ihrer Expedition einen Hund namens Dino dabei hatten – wer weiß, was er daraus gemacht hätte.

Trotz dem Raum, dem wir nun – christlichen und nicht-christlichen – Kreationisten in Deutschland gegeben haben, ist dieses Land in Europa keineswegs führend. In Großbritannien, den Niederlanden und Italien zum Beispiel haben die Freunde der Schöpfungslehre sogar schon Einfluss auf das Schulwesen genommen. In Italien hatte Bildungsministerin Letizia Moratti aus der Regierung Berlusconi 2004 die Evolutionslehre aus dem Unterrichtspensum der Mittelstufe gestrichen. Erst nach massiven Protesten ruderte die Politikerin zurück. In den Niederlanden wollte die Wissenschaftsministerin Maria van der Hoeven 2005 eine akademische Debatte über Intelligent Design anregen, und zog nach allgemeiner Empörung den Kopf ein.

Nachhaltigeren Erfolg verbuchten Kreationisten in Großbritannien. Dort hat Sir Peter Vardy, ein steinreicher Unternehmer, ein Programm der Labour-Regierung genutzt, um drei neue Schulen zu gründen. Es sind öffentliche Lehranstalten, aber der Spender darf als Gegenleistung die Lehrinhalte mitbestimmen und den Aufsichtsrat der Schule ernennen. Im Falle Vardys hat so der Kreationismus Einzug in den Lehrplan gehalten. Er fällt dort auf fruchtbaren Boden, wie im Januar 2006 eine Umfrage im Auftrag der BBC zeigte: Von den 2000 Befragten wählten 22 Prozent den Kreationismus als beste Erklärung für die Entstehung und Entwicklung des Lebens, 17 Prozent entschieden sich für die Lehre vom Intelligent Design und 48 Prozent für Darwins Theorie. Als Schulstoff würden sogar jeweils etwas mehr als 40 Prozent die beiden kreationistischen Lehren gern sehen, und nur 69 Prozent die wissenschaftliche Fassung der Evolution (Mehrfachnennungen waren möglich).

Ähnliche Geschichten kann man auch über Dänemark, Serbien oder die Türkei erzählen, über Australien, Neu-Seeland, Süd-Korea oder Russland. Überall haben Minister oder Wissenschaftler in irgendeiner Form Sympathie für die Schöpfungslehre gezeigt oder es gibt zumindest große Gruppen von Gläubigen, die Gott direkt für die Entwicklung des Menschen verantwortlich machen. Nirgends ist Kreationismus als Lehrstoff in der Schule etabliert, aber so aufgeklärt, wie sich die Menschen im »alten Europa« im Vergleich zu den USA oft sehen, sind sie eben einfach nicht.

Fundamentalistische Christen hier wie dort eint der Glaube an die Bibel, den zum Beispiel Reinhard Junker und Siegfried Scherer für die »Studiengemeinschaft Wort und Wissen« im Büchlein *Schöpfung (o)der Evolution?* so formulieren: »Die Bibel sagt, dass die Schöpfung vom Schöpfer selbst als *sehr gut* beurteilt wurde (Genesis 1,31). Eine sehr gute (perfekte) Schöpfung macht aber Evolution (im Sinne von Makroevolution = Höherentwicklung) sowohl unnötig als auch unmöglich« (Hervorhebung im Original). Das Problem für solch fromme Gläubige ist nur: Die Wissenschaften erkennen den Blick in die Bibel nicht mehr als Methode der Naturforschung an.

»Die Grundeinheit des Eigennutzes« und »die Ziele der Evolution«

4. Kapitel: Offene Fragen der Forschung führen zu lautstarken Debatten unter Evolutionsbiologen

Den Spitznamen »Darwins Rottweiler« hat sich Richard Dawkins hart erarbeitet. Der Brite, Professor an der Oxford University, ist der wohl prominenteste lebende Interpret der Evolutionstheorie, ein brillanter Denker und eloquenter Autor von Büchern und Essays. Aber in öffentlicher Debatte führt er seine scharf formulierten Sätze wie Schwerter. »Er hat das Bedürfnis nicht nur präzise zu sein, sondern auch Recht zu haben – rücksichtslos Recht zu haben«, schreibt der Autor eines Porträts im amerikanischen Magazin *Discover*. Wer über Dawkins berichtet, greift schnell zu martialischen Metaphern: Er mache in Debatten keine Gefangenen, heißt es über ihn, seine Worte hinterließen verbrannte Erde, sein polemischer Stil besitze rot gefärbte Zähne und Klauen.

Dass er sich mit einem Rottweiler vergleichen lassen muss, verdankt er einem Kollegen von seiner Universität, dem Molekularbiologen und anglikanischen Geistlichen Alister McGrath. Dieser spielt damit auf Thomas Huxley an, einen Zeitgenossen und Freund Darwins, der dessen Theorie in öffentlicher Debatte ähnlich scharf verteidigt hatte, wie es heute Dawkins tut, und der darum »Darwins Bulldogge« genannt wurde. Mit dem Vergleich wollte McGrath vor allem die scharfen Angriffe des offensiven Atheisten Dawkins gegen die Religion geißeln, der sie nicht nur für die Unterdrückung in der Welt verantwortlich macht, sondern den Glauben an einen Gott auch als inkompatibel mit der Evolutionstheorie bezeichnet. Aber das Bild trifft auch darum ins Schwarze, weil Dawkins seit 30 Jahren mit Kollegen scharf, teilweise erbittert debattiert, wie die darwinsche Theorie heute zu interpretieren sei.

Der bekannteste Streitpunkt ist sicherlich Dawkins' These vom »egoistischen Gen«. Das Buch mit diesem Titel hat der Brite 1976 veröffentlicht, es hat sich millionenfach verkauft. Er erklärt darin schlicht, die ganze Vielfalt an Pflanzen- und Tierkörpern mit ihren Verhaltensweisen und Geistesleitungen bis hin zum menschlichen Intellekt sei nur eine Ansammlung von »Überlebensmaschinen«, die sich egoistische Gene zurechtgezimmert hätten. Diese Einheiten der Vererbung, die sich tief in jeder Zelle verbergen, seien die wahren Ansatzpunkte von Darwins natürlicher Selektion, nicht etwa die Individuen oder gar ganze Arten. Und die Gene versuchten – meist erfolgreich – ihre Überlebensmaschinen so zu steuern, dass sie allein einen Vorteil daraus zögen. Die Debatte um diese Theorie, ihre Details, Folgen und Schwächen ist längst nicht abgeschlossen. Und die egoistischen Gene sind nur eines der Themen, über die Evolutionsforscher heute streiten. Konflikte gibt es auch über viele andere Punkte, darunter solche, die Darwin offen gelassen hatte: Wie ist die erste lebende Zelle entstanden? Hat die Evolution eine Richtung? Wie hat sich der Mensch entwickelt? Wie soll man die berühmteste Ansammlung von versteinerten Tieren der Vorzeit, den Burgess Shale in Kanada, interpretieren? Nahezu 150 Jahre nach der Veröffentlichung der *Origin of Species* ist die Evolutionsforschung noch immer eine höchst lebendige Wissenschaft. Wer nur ein paar Monate lang Fachzeitschriften wie *Nature* und *Science* verfolgt, stößt schnell auf grundlegende Aufsätze, die zum Beispiel enthüllen, wie neue Arten entstehen – denn das hatte Darwin in seinem Buch trotz des Titels offen gelassen.

So groß ist die Vielfalt der aktuellen Forschung, dass dieses Kapitel dem Spektrum kaum gerecht werden kann. Es soll daher vor allem zweierlei klar machen: Erstens, die Forscher arbeiten ständig daran, offene Fragen zu lösen – und dass es solche gibt, spricht nicht gegen die Gültigkeit der Evolutionstheorie. Zweitens, die großen Kontroversen in der Forschung können einen oberflächlichen Beobachter durchaus verwirren. Anhänger des Kreationismus und der Lehre vom Intelligent Design bedienen sich lustvoll an den ausgetauschten Argumenten, aber sie reißen sie aus dem

Zusammenhang, um den Eindruck zu erwecken, die Basis der Evolutionstheorie sei gefährdet. Das ist jedoch falsch: Egal wie die aktuellen Debatten einmal ausgehen, jede der widerstreitenden Positionen passt ins Grundgerüst der darwinschen Lehre.

Das gilt auch für die Debatte um Dawkins' egoistische Gene. Diese Theorie hat für viele den Status einer vierten Kränkung der Menschheit erreicht – Dawkins stünde damit in einer Reihe mit Kopernikus, Darwin selbst und Freud, die den Menschen nacheinander aus selbstzufriedenen Träumen über seine Stellung im Universum gerissen hatten (siehe Kapitel 1). Nun wird *Homo sapiens* also auch noch zur Überlebensmaschine degradiert, die dem Diktat seiner Gene ausgeliefert ist! So hat es Dawkins allerdings gar nicht geschrieben. Die These vom egoistischen Gen folgt bei ihm direkt aus der Definition von Gen und Egoismus, sie ist eine Voraussetzung für sein Buch, keine Schlussfolgerung. Er beschreibt zunächst, wie sich die ersten Biomoleküle zusammengefunden haben müssen, die in der Lage waren, Kopien ihrer selbst herzustellen. Im Wettstreit um Ressourcen, um Baumaterial für die Kopien, der eines Tages ausgebrochen sein muss, fanden einige dieser Replikatoren durch zufällige Veränderungen heraus, wie sie andere Biomoleküle angreifen konnten, während zunächst vielleicht nur einer den Trick entdeckte, sich durch eine Hülle vor solchen Attacken zu schützen.

Jeder dieser Fortschritte wurde an die Nachkommen weitergegeben, und so entstanden die Überlebensmaschinen, die den Genen[10] dazu dienten, ihre eigenen Kopien zu verbreiten. Irgendwann schlossen sich mehrere dieser Replikatoren zufällig zusammen; statt einander zu verdauen, bildeten sie eine Gemeinschaft, um ihren Nutzen zu mehren. Altruismus gegen Außenstehende konnte es in dieser Welt nicht geben. Denn dieser ist definiert als Einschränkung der eigenen Lebenschancen, um die Chancen eines anderen zu erhöhen – auch wenn es in der Menschenwelt oft nur um unbedeutende Gefälligkeiten geht. Es konnten aber nur diejenigen Replikatoren durch die Jahrmillionen überleben, die ihr einziges Interesse verfolgten, möglichst viele Nachkommen zu erzeugen.

Einen Willen brauchten diese zunächst seelenlosen Kreaturen nicht, sie folgten einer biochemischen Notwendigkeit.[11] »Das Gen ist die Grundeinheit des Eigennutzes«, schreibt Dawkins, und der jeweilige Körper »eine Maschine, die ihre unsterblichen Gene für die Zukunft verwaltet und vor nichts zurückschreckt, um deren Fortbestand zu sichern«. Denn allein die Gene leben in diesem Bild lang genug, um die Kräfte der natürlichen Selektion zu spüren: Ihr Risiko zu sterben verändert sich von Tag zu Tag nicht, nur ihre Körper altern, sie bleiben in ihren Kopien durch eine lange Abfolge von Überlebensmaschinen konstant erhalten – oder fast konstant, denn ohne Abweichungen, ohne kleine Fehler beim Kopieren, könnte die natürliche Selektion unter ihren Nachkommen auch keine vorteilhaften Varianten auswählen.

Schon an diesem Punkt haben Kollegen von Dawkins wie Stephen Jay Gould und der Deutsche Ernst Mayr, die beide vor wenigen Jahren gestorben sind, Einspruch erhoben. Mayr mahnt in *Das ist Evolution* dazu, die Begriffe sorgfältig zu benutzen. Dann werde »deutlich, dass ein Gen als solches nie das Objekt der Selektion sein kann. Es ist nur ein Teil des Genotyps, das eigentliche Ziel der Selektion aber ist der (auf dem Genotyp beruhende) Phänotyp des Individuums als Ganzes.« Dabei ist Mayrs Phänotyp mit Dawkins' Überlebensmaschine gleichzusetzen, der Genotyp mit der Ausprägung der Gene. Nach Mayrs Auffassung unterliegen also die Tiere und Pflanzen als Ganzes einer Evolution. Gould baut das Argument mit dem Hinweis auf eine fast schon mechanische Schwierigkeit bei Dawkins' Idee aus: »Die Selektion kann die Gene einfach nicht sehen und direkt zwischen ihnen auswählen. Sie braucht Körper als Vermittler. Ein Gen ist nur ein Stück DNS, das sich in einer Zelle versteckt«, schreibt er in *The Panda's Thumb*. »Dawkins gibt ausdrücklich das darwinsche Prinzip auf, wonach Individuen die Einheiten der Selektion sind.«

Der so Kritisierte aber beruft sich explizit auf Darwin. Im Vorwort zur zweiten Auflage seines Buchs schreibt er: »Die Theorie des egoistischen Gens ist Darwins Theorie, auf eine Weise ausgedrückt, die Darwin nicht gewählt hat, deren Eignung er aber, so meine ich, unverzüglich erkennen und begeistert aufnehmen würde.« Und um seine These zu belegen, hat Dawkins Beispiele zusammengetragen, wo die Gene ihre Interessen auf Kosten des Körpers durchsetzen. »Wenn man das Leben nicht aus dem Blickwinkel des Gens betrachtet, findet man keinen Grund, aus dem ein Organismus an seinem Fortpflanzungserfolg und dem seiner Verwandten ›interessiert‹ sein sollte, statt sich zum Beispiel um seine eigene Langlebigkeit zu kümmern«, schreibt er. Zum Beispiel lassen sich manche Spinnenmütter von ihrem Nachwuchs auffressen, um ihm einen Startvorteil zu geben, das Männchen der Gottesanbeterin bezahlt meist schon die Zeugung mit dem Leben, weil ihm die Gattin den Kopf abbeißt, Lachse sterben nach dem Ablaichen. Eigentlich verbringt Dawkins den Großteil seines Buches damit, unter dem Schlagwort vom egoistischen Gen solche Episoden von scheinbarem Altruismus zu erklären: Es nutze halt den Genen, einen Körper zu opfern oder zu gefährden, um ihren Kopien in anderen Körpern bessere Chancen zu geben.

Seine These und viele der Beispiele haben Dawkins den Ruf eingetragen, er behaupte, der Körper, die Überlebensmaschine – und damit der Mensch an sich – sei von seinen Genen determiniert. Der Brite hat das immer wieder bestritten, fühlt sich falsch zitiert und verweist zum Beispiel darauf, dass Menschen ihren Genen jedes Mal ziemlich mühelos einen Streich spielen, wenn sie Empfängnisverhütung betreiben. Doch die These vom genetischen Determinismus hat Stephen Jay Gould zeit seines Lebens so erbittert bekämpft und dabei auch immer wieder Dawkins angegriffen, dass der Vorwurf an dem Kollegen irgendwie hängen geblieben ist. Worum es Gould aber vor allem ging, ist die so genannte Soziobiologie. Dieser schillernde Begriff steht für die Lehre, dass große Teile des Verhaltens von Tieren evolutionären Ursprungs sind und dass auch der zivilisierte Mensch trotz all seiner Kultiviertheit im Zweifel so reagiert wie der Urmensch auf der Steppe Afrikas.

Die Soziobiologie hat sich inzwischen umgetauft in »evolutionäre Psychologie« und vertritt etliche amüsante Thesen: So folgt der Mensch zum Beispiel beim Herunterschlingen von Hamburgern einem uralten Programm, das seine Fitness (im evolutionären Sinne: die Zahl der Nachkommen) verbesserte. Fett und Proteine aufzunehmen wo immer möglich, konnte im Überlebenskampf auf der Savanne nicht schaden. Andere Thesen betreffen das zweite Lieblingsthema des Menschen: Sex. So sind Frauen zwar einerseits darauf aus, für ihre Kinder einen guten Versorger zu finden (achten also noch heute vor allem auf einen Ehemann mit gesicherter Stellung). Andererseits schieben sie diesem Partner auch gern das Kind eines Filous mit besseren Genen unter. Das führe dann dazu, dass sich Frauen noch heute an ihren fruchtbaren Tagen aufreizender kleideten und Seitensprüngen weniger abgeneigt seien als sonst, wie Studien bewiesen haben wollen.

Um die wissenschaftliche Qualität solcher Untersuchungen steht es mitunter nicht so gut, aber ganz unabhängig von ihrem Wahrheitsgehalt sind auch die Aussagen der evolutionären Psychologen oft grotesk übertrieben worden. Sie wollen nicht den Alltag einzelner Menschen erklären, sondern behaupten lediglich, im Mittel menschlichen Verhaltens einen Trend erkennen zu können. Viele Individuen aber überwinden die evolutionäre Erblast kraft ihres Willens, ihrer Erziehung oder ihrer Überzeugungen mehr oder minder erfolgreich. Denn wenn die Gene auf die Entscheidungen ihrer Überlebensmaschinen Einfluss nehmen, dann nur auf eine höchst indirekte Weise, wie Dawkins in seinem Buch schreibt: auf dem Umweg über die Proteinsynthese. Das kann ein mächtiger Einfluss auf das Leben sein, aber es ist keine Fernbedienung wie beim Fernseher. Der »biologische Determinismus« der Dawkins nachgesagt wird, ist bis heute eines der großen Streitthemen der Evolutionsforschung.

Ein weiteres ist die Frage, wie das Leben auf der Erde begonnen hat. Es ist relativ einfach zu verstehen, wie die Kräfte der Selektion auf die erste Zelle, die sich vermehrte, und ihre Nachkommen wirkten. Jedenfalls intellektuell – was im Laufe der Jahrmillionen daraus geworden ist, versetzt wohl auch den abgebrühtesten Forscher ins Staunen. Doch wo kam die erste Zelle her, woher auch nur das erste Molekül, das Kopien seiner selbst herstellten konnte, der Replikator, wie Richard Dawkins das nennt? Darwin selbst hatte ja nur nebulös von einem »warmen, kleinen Teich« gesprochen, in dem die richtigen Bedingungen geherrscht haben könnten, und auch viele seiner Nachfolger sind über den Punkt eher leichthin hinweggegangen. »Allerdings kann die Entstehung des Lebens auf der Erde nicht besonders schwierig gewesen sein«, schreibt hingegen Ernst Mayr, »denn sie fand offensichtlich schon vor 3,8 Milliarden Jahren statt, also offenbar sobald die Bedingungen sich überhaupt für lebendige Wesen eigneten.« Dawkins wiederum gibt fröhlich zu, dass die Entstehung des ersten Replikators »mehr als unwahrscheinlich« gewesen sei. Wer einfach Atome und Moleküle in einen Cocktailbecher gebe und schüttele, bis ein Mensch entstehe, der brauche dafür vermutlich länger als das Alter des Universums. Aber es gibt eine Reihe von Theorien, von denen der Brite in seinen Büchern mal die, mal jene vorstellt, ohne sich wirklich für eine zu entscheiden. Als wirkliches Problem betrachtet er die Unkenntnis nicht.

Man kann diesen Mut zur Lücke eigentlich nur bewundern, denn die Prozesse von Darwins Theorie können schon aus Gründen der formalen Logik nicht auf den Ursprung des Lebens angewandt werden. Sie setzen ein System voraus, das Kopien erzeugt und dabei Abwandlungen zulässt, aber das genau ist es ja, was der Schritt zum Leben erst schaffen soll. »Es scheint so, als habe sich die Evolutionstheorie ein tiefes Loch gegraben, aus dem sie nicht mehr entkommen kann«, schreibt Daniel Dennett, der Evolutionsphilosoph von der Tufts University in Boston.

Aus diesem Loch helfen Darwins Lehre nur Physik und Chemie heraus. Einer der ersten, der das versuchte, war 1953 Stanley Miller an der University of Chicago. Bei seinem berühmten Experiment zur »Ursuppe« mischte er Wasser, Wasserstoff, Ammoniak und Methan in einem Glaskolben und setzte den Inhalt elektrischen Entladungen aus. Seiner Vorstellung nach hatten Blitze die urzeitliche Atmosphäre durchzuckt, die man sich damals als Mischung der vier Chemikalien ausmalte. Nach einer Woche hatten sich in dem Kolben tatsächlich einige Bausteine des Lebens gebildet, darunter Fettsäuren, Harnstoff und vier verschiedene Aminosäuren, aus denen Proteine gebildet werden. Doch wie Miller und seine Nachfolger das Experiment später auch variierten, es entstanden niemals irgendwelche Moleküle, die sich selbst reproduzieren konnten.

Der Münchner Chemiker und Patentanwalt Günter Wächtershäuser hat ein ganz anderes Modell vom Ursprung des Lebens: Er verlegt den Geburtsort auf den Meeresboden in die Nähe so genannter Schwarzer Raucher. Das sind Schlote, aus denen von vulkanischen Prozessen überhitztes Wasser strömt. Es enthält viele Schwefelverbindungen, darum formen sich bei den Rauchern Pyrit-Kristalle, die wie ein wilder Haufen kleiner goldener Würfel aussehen und Katzengold genannt werden. Und weil die Oberfläche elektrisch geladen gewesen sei, nahm Wächtershäuser an, hätten sich dort biologische Moleküle sammeln können und angefangen, miteinander Stoffwechsel zu betreiben.

Eine dritte Theorie setzt wieder andere Bedingungen voraus: klirrende Kälte und gefrorenes Meerwasser. Der Physiker Hauke Trinks, einst Präsident der Technischen Universität Hamburg-Harburg, sieht den Ursprung des Lebens in den Eiswüsten der Pole – und hat darum unter anderem zweimal vor Spitzbergen überwintert, um das Eis zu untersuchen. Er fand heraus, dass sich im Eis kleine Kämmerchen hochkonzentrierter Salzlösung bilden, verbunden durch dünne Kanäle, in denen die Lösung ständig hin- und herströmt, angetrieben durch Temperaturveränderungen. Ein einziger Kubikmeter Meereis enthalte eine Billiarde solche Kämmerchen, an deren Wänden sich Biomoleküle sammeln und aufbauen könnten. Besonders interessant dabei sind RNS-Moleküle, eine einfachere Ausgabe der heutigen Erbsubstanz DNS.

Auch wenn uns die Kälte von Spitzbergen lebensfeindlich erscheint, für den Aufbau primitiver RNS könnten die Bedingungen hervorragend geeignet gewesen sein. Wärme nämlich reißt die Moleküle womöglich schneller auseinander, als sie entstehen können. Im Eis aber, begünstigt durch die pulsierende Flüssigkeit in den Kanälchen, können sie sich langsam bilden, wie Trinks mit dem Max-Planck-Forscher Christoph Biebricher vom Institut für Biophysikalische Chemie in Göttingen bewiesen hat. Dort haben sie sterilisiertes Meerwasser mit einigen losen Nukleotiden (den Bausteinen aller Erbmoleküle) in Reagenzgläsern eingefroren und die Temperatur in ihrer Kühltruhe periodisch zwischen minus sieben und minus 24 Grad Celsius verändert. Nach drei Monaten hatte sich dort noch nichts getan, aber nach einem Jahr: Jetzt konnten die Forscher Kettenmoleküle aus 150 Bausteinen nachweisen; ein indirekter Test, bei dem die Ketten nur gewogen wurden, ergab sogar Längen von bis zu 420 Nukleotiden. Solche Verbindungen hatten sich noch in keinem anderen Experiment zum Entstehen des Lebens entwickelt. Jetzt haben Trinks und Biebricher ihre Kollegen in anderen Labors explizit aufgefordert, das Experiment zu wiederholen: Nicht nur um die für die Wissenschaft so wichtige unabhängige Replikation zu bekommen, sondern auch damit sich die Chance vergrößert, dass sich eines der entstandenen RNS-Moleküle irgendwo selbst kopiert – denn dann, so könnte man argumentieren, wäre zum ersten Mal in einem Labor Leben aus unbelebten Vorgängermolekülen entstanden.

Bewiesen ist der Anfang des Lebens also keinesfalls; Darwin wusste schon, warum er sich vor einer Erklärung gedrückt hatte. Auch das andere – vorläufige – Ende der Evolutionskette hatte der Naturforscher in seinem Buch *The Origin of Species* ausgelassen: die Entwicklung des Menschen. Dabei war kurz vor Fertigstellung des Manuskripts, im Sommer 1856, im Neandertal bei Düsseldorf der erste Vormensch entdeckt worden. Sein wissenschaftlicher Name lautet heute *Homo sapiens neanderthalensis*, er ist also der nächste Verwandte des modernen Menschen, der mit vollständigem Namen *Homo sapiens sapiens* heißt. Seitdem haben Paläoanthropologen (die Alte-Mensch-Kundler) in Europa und Asien, vor allem aber in Afrika sehr viele fossile Überreste von Ur- und Vormenschen gefunden. Der älteste ist zurzeit *Sahelanthropus tchadensis*, der vor fünf bis sechs Millionen Jahren mindestens zeitweise auf zwei Beinen gegangen ist. Über die Entwicklung von ihm zu uns sind Dutzende Bücher geschrieben worden, und die

Forscher sind sich keineswegs einig, wer da wie von wem abstammt.

Greifen wir uns daher nur einen Aspekt heraus: Von all den Eigenschaften, die den Menschen ausmachen, ist der aufrechte Gang vielleicht das größte Rätsel. Denn bei der Sprache, beim sozialen Zusammenhalt und beim symbolischen Denken war jeder Fortschritt auch gleich ein evolutionärer Vorteil. Das war beim Gehen auf zwei Beinen anders: Während der Mensch das komplizierte Balance-Halten auf seinen Hinterbeinen lernte, die im Lauf der Zeit deutlich länger wurden als seine Arme, setzte er sich einer Gefahr aus. Schließlich musste er vor angreifenden Raubtieren oder aus anderen Gründen fliehen können, was seine Vorfahren, wie alle heute lebenden Affen, wohl im vierbeinigen Galopp taten. Mit längeren Hinterbeinen aber ist das schwierig. Der aufrechte Gang muss dem Menschen also einen sofortigen und dauerhaften Vorteil geboten haben, der die Gefahr ausglich.

Forscher wie Carsten Niemitz von der Freien Universität Berlin glauben, diesen Vorteil zu kennen. Ihrer Ansicht nach hat sich der aufrechte Gang nicht in der Savanne entwickelt, weil der Mensch weiter sehen oder etwas tragen konnte, sondern am Ufer von Seen oder Flüssen in Afrika. Hier konnte der Mensch auf zwei Beinen im Wasser waten und mit den Händen Fische fangen. Das Wasser erleichterte ihm die ungewohnte Fortbewegung auf Füßen und mit Hüften, die darauf noch nicht eingestellt waren: Seine Zähflüssigkeit und der Auftrieb verhinderten, dass der Vormensch bei einem falschen Schritt gleich zu Boden fiel. Noch heute gehen auch viele Affen im flachen Wasser auf zwei Beinen. Hier war auch die allmähliche Verlängerung der Beine ein Vorteil, weil sie es dem Vormenschen erlaubten, entweder weiter ins Wasser hinauszugehen, oder von weiter oben, also in steilerem Winkel auf das Wasser zu blicken, was die Reflektionen verringert und so das Fischen erleichtert. Im Wasser war er weitgehend vor Raubtieren geschützt und bekam zugleich sehr reichhaltige Nahrung.

Dieser Ablauf ist so plausibel, so stimmig, dass man sich fragt: Musste es so kommen? Ist die Entstehung komplexer, intelligenter

Lebewesen auf diesem Planeten unausweichlich, gar vorherbestimmt gewesen? Oder, wenn man es weniger spirituell formulieren möchte: Wenn wir den Planeten zurück auf Null setzen könnten, würden wieder Menschen entstehen? Oder zumindest Lebewesen, die eine ihrer selbst bewusste Intelligenz aufweisen? Darüber gibt es unter Evolutionsforschern große Debatten: Nein, das Leben würde völlig anders aussehen, beharrte vor allem Stephen Jay Gould. Ja, es würden wieder Menschen oder zumindest intelligente Wesen entstehen, sagt dagegen Simon Conway Morris von der Cambridge University. Auch viele andere ökologische Nischen würden ähnlich gefüllt wie auf der Erde. Ein Planet, der um den Fixstern Alpha Centauri kreist, besäße demnach wahrscheinlich Kolibris.

Conway Morris' entscheidendes Argument ist die so genannte Konvergenz. Viele Lösungen, zum Beispiel für das Problem, Nektar aus Blüten zu saugen, habe die Evolution mehrfach unabhängig entwickelt: Kolibris, also Vögel, nutzen die gleiche Strategie, den Schwebflug, wie Taubenschwänzchen, die zu den Schmetterlingen gehören – die evolutionären Wege der beiden haben sich vor vielen hundert Millionen Jahren getrennt. Bei Elefanten gebe es eine sehr ähnliche Sozialstruktur wie bei Pottwalen, deren Vorfahren das Land vor ungefähr 45 Millionen Jahren verlassen haben. Vögel und Säugetiere haben unabhängig voneinander die Temperaturregulation in ihren Körpern entwickelt, die sie zu Warmblütern macht. Das Enzym Carboanhydrase, das Vorgänge bei der Photosynthese und der Zellatmung beschleunigt, hat die Natur dreimal entwickelt, das Auge sogar mindestens viermal, manche von Morris' Kollegen sprechen gar von 40 Ansätzen. »Die Tatsache, dass die Evolution immer wieder zu den gleichen Lösung gefunden hat, offenbart allgemeine Gesetzmäßigkeiten der Biologie«, schreibt Conway Morris in einem Beitrag für den Begleitband zur Evolutions-Ausstellung im Dresdner Hygiene-Museum. Evolution sei womöglich eine Art »Suchmaschine« für gute Lösungen, auch der Mensch also keine Laune der Natur: »Die Allgegenwart der Konvergenz legt eine ganz andere Schlussfolgerung nahe: Der Evolution sind enge Grenzen gesetzt. Deshalb verläuft sie entlang stark eingeschränkter Pfade.«

Ganz falsch, sagt dagegen Stephen Jay Gould. Es gebe in der Evolution keinen Trend zu immer komplexeren Lebewesen, sie erlaube es lediglich, dass am Rand ihres Spektrums auch sehr komplexe Lebewesen entstehen. Zudem habe es in der Geschichte des Lebens auf der Erde so viele Zufälle gegeben, Katastrophen wie Meteoriten-Einschläge, Vulkanausbrüche oder Eiszeiten, dass selbst ein intelligentes Wesen, wenn es denn bei einem neuen Versuch entstünde, niemals menschenähnlich werden könnte. Der Mensch überschätze schlicht seinen Geist, schreibt er in seinem Buch *Illusion Fortschritt*.

Dennoch sind die Metaphern weit verbreitet, die von der Evolution als Leiter sprechen, deren Sprossen der Mensch erklommen habe. Ausgestorbene Tierarten oder Vormenschen werden dann zur »Sackgasse der Evolution«. Beliebt ist auch die Unterscheidung zwischen »niederen« Tieren und der »Krone der Schöpfung«, ein Begriff, den auch der Molekularbiologe Svante Pääbo vom Leipziger Max-Planck-Institut für evolutionäre Anthropologie, der das Erbgut des Neandertalers entschlüsselt, im Interview mit dem Magazin *Süddeutsche Zeitung Wissen* völlig ironiefrei benutzt.

Gegen die These vom Menschen als Krone der Schöpfung spricht schon die schiere Zahl der angeblich niederen Tiere. »In einer groben Näherung, und wenn man allen Chauvinismus der Wirbeltiere beiseite lässt, kann man sagen, dass im Wesentlichen alle Tiere Insekten sind«, hatte Robert May, der spätere Präsident der britischen Royal Society 1988 geschrieben. Einfache Fliegen haben zudem weit mehr Zyklen der Fortpflanzung hinter sich als Menschen, und offensichtlich waren all ihre Vorfahren in der Evolution erfolgreich, entsprechend mehr konnte sie die natürliche Selektion zu Gewinnern der Schöpfung formen. Es stimme einfach nicht, dass neue Arten immer größer oder komplexer seien als alte, schreibt Gould und zeigt es am Beispiel winziger Meeresbewohner, der Plankton-Foraminiferen: Im Verlauf der verschiedenen Erdzeitalter hätten sich immer neue Arten gebildet, die in versteinerter Form heute zu analysieren sind. Dabei seien die Nachfolger in genauso vielen Fällen kleiner wie größer als die Vorgänger. Wie ein Zufallsprozess wie die Evolution komplexe Formen erzeugen könne, erklärt Gould am Beispiel eines Betrunkenen. Er stolpert aus der Tür seiner Kneipe, zum Rinnstein sind es genau sechs Schritte. Wo immer er auch steht, stets ist es genauso wahrscheinlich, dass er vorwärts oder rückwärts wankt. Doch an einer Stelle ist die Symmetrie der Optionen durchbrochen: an der Wand der Kneipe. Torkelt der Betrunkene nun lange auf dem Bürgersteig herum, wird er mit Sicherheit irgendwann in die Gosse fallen, denn weiter als sechs Schritte kann er davon nicht wegkommen. Ähnlich funktioniere die Evolution, sagt Gould: Kleiner und einfacher als primitive Einzeller könnten Lebewesen nicht werden; wenn also zufällige Änderungen aneinandergereiht würden, entstehe irgendwann auch eine höchst komplexe Lebensform. »Das Wachstum ist in Wirklichkeit keine gerichtete Evolution in Richtung einer Größenzunahme, sondern zufällige Evolution, die von geringer Größe ausgeht«, schreibt Gould. Um den evolutionären Erfolg einer Familie von Arten zu beurteilen, müsse man also die Breite ihres Spektrums messen und dürfe nicht nur auf die größten oder komplexesten Vertreter schielen.

Dennoch hatte auch Darwin selbst der Entwicklung in *Origin of Species* eine Richtung zuerkannt. »Da die natürliche Selektion nur durch und für das Gute jedes Wesens wirkt, neigen alle körperlichen und geistigen Gaben zur Perfektion«, heißt es am Ende des Buches. Gould glaubte, der große Naturforscher habe damals einfach nicht aus dem Zeitgeist seiner fortschrittsgläubigen Epoche ausbrechen können. Noch heute gelinge das kaum jemandem. Wir empfänden, so Gould, ein »starkes Bedürfnis, unsere Existenz als vorhersagbare kosmische Vorliebe zu rechtfertigen«, obwohl, oder gerade weil, die Existenz von Menschen und Vormenschen gerade mal 1,5 Promille der Spanne ausmacht, die Leben auf der Erde existiert. Dieses »Podest der Arroganz« aber gelte es zu zerschmettern, um »Darwins Revolution zu vollenden«. In diesem Streit zwischen Gould und Morris sind im Lauf der Zeit auch metaphysische Untertöne laut geworden. Gould haben etliche seiner Gegner eine marxistische Grundhaltung unterstellt, Morris bezeichnete sich in einem Interview mit der *Zeit* selbst als Christ; irgendwie passen die Positionen der beiden zur jeweiligen Weltanschauung. Das hat Vertretern der Lehre vom Intelligent Design oft Anlass geboten, die Evolutionslehre als ideologisch unterwandert zu bezeichnen. Ihr eigener Glaube könne doch dann auch kein prinzipielles Problem sein.

Der Unterschied ist, dass die Kreationisten ihr Weltbild nutzen, um übernatürliche Erklärungen für natürliche Phänomene zu postulieren und damit die Evolutionstheorie zu sprengen. Gould und Morris hingegen suchen auf der Basis ihrer persönlichen Einstellungen nach Interpretationen für natürliche Phänomene, die innerhalb der Evolutionstheorie zu finden sind. Ganz egal, auf welche dieser beiden Seiten man sich stellt, den Grundkonsens der Forschergemeinde verlässt man nicht.

Entsprungen ist der Streit zwischen Morris und Gould aus der unterschiedlichen Deutung der vielleicht wunderlichsten Episode der Naturgeschichte: der kambrischen Explosion. 1909 hatte der amerikanische Paläontologe Charles Walcott in einer Schieferformation in den kanadischen Rocky Mountains reichhaltige Fossilien bizarrer, über 500 Millionen Jahre alter Lebensformen gefunden; die Schicht nennt man heute Burgess Shale. Walcott hatte die Tierwelt eines Urozeans zunächst vor allem den heute bekannten Tierstämmen zugeordnet. In den 1980er-Jahren jedoch hatte Morris mit zwei Kollegen die Fossilien noch einmal analysiert und sie anders klassifiziert; Gould hatte Morris' Arbeit dann in seinem Buch *Zufall Mensch* gefeiert. Demnach sei nicht nur die Mehrzahl der heute existierenden Stämme damals entstanden, sondern noch etliche mehr, die schnell wieder ausstarben. Darunter wunderliche Tierchen wie *Opabinia* mit fünf Augen und einer Schnauze wie ein Staubsauger.

Was Gould wie seine Leser so faszinierte ist, dass diese Vielfalt in vielleicht 20 Millionen Jahren entstanden sein soll, während in den 500 Millionen Jahren seither gerade ein neuer Tierstamm hinzugekommen ist. Der Harvard-Professor baute darauf eine ganze Theorie auf, nahm an, dass damals Kräfte die Evolution vorangetrieben hätten, die heute nicht mehr wirken. Erstens eine Art Laissez-faire, weil der Lebensraum eben noch nicht so voll war, dass untaugliche Lebensformen sofort wieder aussortiert wurden. Und zweitens eine genetische Entwicklung: Neue Strukturgene waren offenbar entstanden, die die Entwicklung aus dem Ei zum fertigen Lebewesen regulierten. Mutationen in diesen Genen lösten sehr schnelle Veränderungen aus, bis die Tiere lernten, die Strukturgene besser zu kontrollieren, und die Variationsmaschine bremsten.

In dieser Umgebung war es dann laut Gould nur ein Zufall, dass *Pikaia* überlebte, ein aalförmiges Tier von vier bis fünf Zentimetern Länge, aus dem sich später unter anderem die Wirbeltiere und mit ihnen der Mensch entwickelte. Davon könnte sich Simon Conway Morris geschmeichelt fühlen: Er hat *Pikaia* als Vorfahr der Wirbeltiere ausgemacht. Dennoch ist ihm Goulds Schlussfolgerung nicht mehr recht. Der Cambridge-Professor argumentiert jetzt, die bizarre Vielfalt im kambrischen Ozean sei doch gar nicht so vielfältig gewesen. Die wunderlichen Tiere gehörten neuesten Erkenntnissen zufolge zu den heutigen Stämmen oder seien einfach zu erkennende Zwischenstufen. In dieser Wertung trifft sich Morris kurz mit Richard Dawkins: Der wirft vielen Biologen, auch Gould, in einer seiner gefürchteten Buchrezensionen vor, die kambrischen Lebewesen mit dem »Blick eines modernen Zoologen« zu betrachten: »Tiere, die in Wirklichkeit wahrscheinlich enge Cousins waren, wurden in getrennte Stämme gezwungen, weil sie wichtige Merkmale mit ihren viel weiter voneinander entfernten modernen Nachfahren teilen.«

Doch die Folgerung, die Morris daraus zieht, teilt Dawkins ganz und gar nicht. Die Rivalität zwischen dem Cambridge-Professor und dem Oxford-Kollegen reicht in diesem Punkt fast an die traditionelle Feindschaft der Rudermannschaften beider Universitäten heran. Morris nämlich leitet aus der geringeren Zahl der Stämme im Kambrium ab, dass doch kein Zufall das Überleben gesteuert hat. Der Weg der Evolution sei wie eine Straße durch einen

Canyon, wo jede Abzweigung nach links oder rechts schnell an der Wand der Schlucht ende. Die Konvergenz zeige, dass die Evolution immer wieder die gleichen Aufgaben habe lösen müssen. Komplexe Lebewesen zu erfinden, sei eine davon. Das wiederum sieht Dawkins ganz anders: Er hat ein ganzes Buch geschrieben, um zu erklären, wie Konvergenz und Komplexität aus Zufällen entstehen konnten (*Gipfel des Unwahrscheinlichen*). »Wir werden über die Pfade des Unwahrscheinlichkeitsgebirges wandern und seine senkrecht abfallenden Klippen von fern bewundern – aber wir werden keine Mühe scheuen, nach den sanft ansteigenden Böschungen auf der anderen Seite zu suchen«, beschreibt er im ersten Kapitel das Ziel des Werkes. Eigentlich ähnelt seine Position hier der von Stephen Jay Gould, dem er so oft widersprochen hat.

Den Frontlinien dieser Debatten zu folgen, ist reichlich verwirrend. Darum sei noch einmal an den eigentlichen Zweck dieses Kapitels erinnert. Es soll die Vielfalt der Diskussionen innerhalb der Evolutionslehre aufzeigen. Doch die Forscher streiten nicht über alles. Darum wollen wir zum Abschluss dieses Kapitels noch einige aktuelle Forschungsergebnisse präsentieren, die in der Gemeinde der Wissenschaftler wenig umstritten sind, aber bei den Kreationisten großen Widerspruch ausgelöst haben.

● Auch der Mensch unterliegt noch der Evolution: Forscher aus Chicago haben im Frühjahr 2006 ganze 700 Regionen ausgemacht, in denen sich das menschliche Erbgut in den vergangenen 5000 bis 15 000 Jahren noch verändert hat. Dadurch sind auch die genetischen Unterschiede zwischen Europäern, Asiaten und Afrikanern angewachsen. Fünf Hautgene sind zum Beispiel vor etwa 6600 Jahren bei den Europäern mutiert und haben ihnen vermutlich ihre hellere Haut gegeben. Auch der Geruchssinn und die Verdauung haben sich zum Teil geändert, womöglich im Zusammenhang mit einer gewaltigen Veränderung des Lebensstils – der Erfindung der Landwirtschaft. Für Menschen, die Milchvieh hielten, gab es womöglich einen großen Selektionsdruck, das Gen für das Enzym Lactase zu behalten, das anderen Völkern mehrheitlich fehlt: Sie können daher den Milchzucker nicht richtig verdauen.

- Die Entstehung evolutionärer Veränderungen haben Forscher immer wieder nahezu live erlebt. Zum Beispiel bei der Aga-Kröte in Australien. Vor 70 Jahren zur Schädlingsbekämpfung eingeführt, ist das giftige Amphibium inzwischen selbst eine Plage geworden. Und seine Beine wachsen offenbar, wie der Vergleich heutiger Exemplare mit Museumsexponaten zeigt. Dadurch sind sie fünfmal so schnell geworden und dehnen ihren Lebensraum heute um 50 Kilometer pro Jahr aus; anfangs schafften sie nur zehn. Zur Freude der Naturschützer passen sich aber auch einige Schlangen im Norden Australiens an und haben gelernt, kleinere Exemplare der Giftkröte zu verdauen.

- An einem Vulkansee in Nicaragua hat der Konstanzer Evolutionsbiologe Axel Meyer kürzlich zwei Buntbarscharten entdeckt: Die eine hat sich vor circa 10 000 Jahren von der anderen abgespalten, sich im See einen anderen Lebensraum und anderes Futter gesucht. Diese Artentstehung am selben Ort kannten Biologen bis dahin nicht, laut der berühmten These von Ernst Mayr entstehen neue Arten vornehmlich, wenn zwei Populationen durch ein Hindernis wie eine Bergkette oder einen Meeresarm räumlich getrennt werden.

- Einen möglichen Mechanismus dieser so genannten Speziation zeigt eine Studie an Seeigeln. Die Tiere zeugen ihre Jungen im offenen Wasser, beide Elternteile setzen ihre Samenzellen frei. Existieren an einem Ort nur wenige der stachligen Lebewesen, halten beide Geschlechter strikt an den Erkennungsproteinen fest, die eine Verschmelzung von Spermium und Eizelle ermöglichen. Doch bei einer hohen Bevölkerungsdichte steigt die Gefahr, dass mehrere Spermien zugleich in eine Eizelle eindringen, was diese nicht überlebt. Beide Geschlechter fangen also an, die Proteine zu variieren – jetzt passen nur noch relativ wenige Spermien zu Eiern, weil beider Erkennungsmoleküle eine passende Veränderung durchgemacht hatten. Forscher sehen darin den möglichen Beginn einer neuen Art. Wenn nur wenige befruchtete Eizellen mit der Mutation zu einem Ort geschwemmt werden, müssen sie die neue Eigenschaft dort ja wieder strikt einhalten, und können sich nicht mehr mit der Spezies ihrer Eltern paaren.

Solche Ergebnisse waren für das Wissenschafts-Magazin *Science* Ende 2005 der Anlass, die »Evolution in Aktion« zum Durchbruch des Jahres zu erklären. »Die Evolution ist das Fundament der ganzen Biologie, so grundlegend und alles durchdringend, dass Wissenschaftler ihre Bedeutung manchmal für selbstverständlich halten.« Die Wahl, das geben die Autoren der Laudatio im Heft offen zu, hatte aber auch einen politischen Zweck: Schließlich hatten im Jahr 2005 auch viele Kreationisten versucht, selbst die elementaren Konzepte der Evolution aus dem Schulunterricht zu verbannen.

Für das Erstarken der Kreationisten machen manche Beobachter auch die lautstarken Streitereien unter den Evolutionstheoretikern verantwortlich. Besonders Richard Dawkins wird kritisiert, der sich stets weigert, sich taktisch zu verhalten, wenn es darum geht, einen Punkt seiner Auffassung von der darwinschen Theorie zu beweisen. Vielleicht meint ihn der Philosoph Michael Ruse von der Florida State University daher besonders, wenn er die Evolutionslehre vom Evolutionismus trennt: Das sind für ihn alle die Schlussfolgerungen, die man aus den wissenschaftlichen Erkenntnissen ziehen kann, die aber nicht im strengeren Sinne Wissenschaft sind. Das können Forderungen nach dem Schutz des Regenwalds sein, weil dort die Diversität der Arten am höchsten ist und die Evolution vielleicht am aktivsten. Es kann aber auch Dawkins Schlussfolgerung sein, Religion lasse sich mit der darwinschen Lehre nicht vereinbaren, also die Äußerung, die ihm den Spitznamen »Darwins Rottweiler« eingebracht hat. Dass der britische Professor weit über das Ziel hinausschießt, kann man ruhig laut sagen – Dawkins wird es kaum kratzen.

»Die Schockwirkung der Biochemie für die Evolutionstheorie«

5. Kapitel: Warum Verfechter von Intelligent Design den Schöpfer in jeder Zelle entdecken

Als Kunstkritiker sollte sich Michael Behe vielleicht nicht unbedingt versuchen, wenn er mal einen neuen Job sucht. In seinem Buch *Darwin's Black Box* outet sich der amerikanische Biochemiker fröhlich als Banause: »Auf dem Campus meiner Universität gibt es Skulpturen, von denen würde ich glauben, da hat ein Stück Schrott ein paar zufällige Schläge abbekommen, wenn ich sie am Rand einer Straße liegen sähe. Aber die hat jemand so designt[12].« Die Koketterie passt ins Bild. Wer das Buch des Professors von der Lehigh University im US-Staat Pennsylvania liest, in dem er laut Untertitel eine »biochemische Herausforderung für die Evolution« präsentiert, trifft immer wieder auf solche Spritzer von Selbstironie. Sie lockern den Text auf und schaffen eine Kameradschaft mit dem Leser, der vielleicht auch mit moderner Kunst nichts anzufangen weiß. Aber der milde Scherz auf eigene Kosten erfüllt vor allem einen höheren Zweck – er hilft Behe, die Grundlinien seiner Thesen in ein Gleichnis zu packen. Er sagt damit schließlich: Da hat sich jemand etwas gedacht und die Teile der Skulptur absichtlich zusammengefügt. Wenn ich mich etwas anstrenge, kann ich das erkennen, auch wenn ich immer noch nicht weiß, was sich der Künstler wohl gedacht hat oder wer er war.

Um die Botschaft völlig klar zu machen, riskiert Behe sogar den Abstieg in den Kitsch: »In anderen Kunstwerken ist Design leichter zu erkennen«, schreibt er. Zum Beispiel, wenn die Gärtner der Universität Blumen im Beet so arrangieren, dass sie die Buchstaben L-E-H-I-G-H formen. »Dann würden Sie keinerlei Zweifel mehr haben, dass das Muster ein Ergebnis von intelligentem Design ist.«

Das genau ist Behes großes Thema, der Begriff, mit dem er internationale Berühmtheit erlangt hat: Intelligentes Design. Behe glaubt nachweisen zu können, dass etliche Bestandteile von Zellen auf keinen Fall durch die schrittweisen Veränderungen entstanden sein können, von denen die darwinsche Evolutionstheorie spricht. Eine höhere Intelligenz müsse sie geschaffen haben. »Wenn die darwinsche Theorie der Evolution wahr ist, muss sie auch die molekulare Struktur des Lebens erklären können«, schreibt Behe in *Darwin's Black Box*. »Es ist der Zweck dieses Buches zu zeigen, dass sie das nicht kann.« Diesen Beweis, den er seiner Ansicht nach auch erbringt, hält der Biochemiker für einen bedeutenden Schritt der Wissenschaft: Er vergleicht ihn mit den Erkenntnissen von Newton, Planck, Schrödinger sowie Pasteur und Darwin selbst.

Das Werk des Biochemikers aus Pennsylvania ist eines der wichtigsten Dokumente einer kleinen, aber lautstarken und gut organisierten Schar von Evolutionskritikern. Ihr intellektuelles Zentrum ist das Discovery Institute in Seattle, eine Denkfabrik, die großzügige Spenden aus konservativ-christlichen Kreisen in den USA bekommt. Besonders die Abteilung »Center for Science and Culture« hat es sich zum Ziel gesetzt, die darwinsche Lehre herauszufordern und »die wissenschaftliche Theorie, die als Intelligent Design bekannt ist«, zu fördern. Das Institut hat eine Reihe von führenden akademischen Mitgliedern (Senior Fellows), zu denen neben Behe auch William Dembski gehört. Er hat sowohl in Mathematik als auch in Philosophie promoviert und ist seit Sommer 2006 Professor für Philosophie am Southwestern Baptist Theological Seminary in Fort Worth, Texas. Die Hochschule bildet Pfarrer aus, die in »einer sich schnell verändernden Welt« effektive Seelsorger sein können, wie es in der Selbstdarstellung heißt. Dembski kann in den Augen der Seminarleitung offenbar helfen, diesen Anspruch zu erfüllen. Er hat in Büchern wie *Intelligent Design* versucht, ein mathematisches Kriterium zu entwickeln, um bei biologischen Strukturen die zufällige von der geplanten Entwicklung zu unterscheiden. Er nennt dabei als Ziel, »die Einsichten der modernen Wissenschaft ebenso zu erhalten wie die Kernaussagen des christlichen Glaubens«.

Außerdem gehören dem Discovery Institute fast alle Autoren des Schulbuchs *Of Pandas and People* an. Es ist für Schüler der oberen Klassen amerikanischer High Schools geschrieben, also für 15- bis 18-Jährige, um »den Lehrplan in Biologie auszubalancieren«, wie es im Vorwort heißt. Die Autoren nehmen sich dafür das Recht heraus, auf eine »ausgewogene Behandlung« des Stoffes zu verzichten – ihr Werk propagiert offen, ID sei die Lösung für Probleme der Evolutionstheorie. Das Schulbuch und die darin verbreitete Lehre stehen im Mittelpunkt der politischen Querelen in etlichen US-Staaten, die ID zum Lehrstoff im Biologie-Unterricht machen wollen.

Auch wenn die Bewegung um Behe, Dembski und das Discovery Institute inzwischen eine fast unübersehbare Zahl von Büchern und Essays veröffentlicht hat, enthalten diese drei Werke den Kern der Argumente. Alle drei sind schon in den 1990er-Jahren veröffentlicht worden: Das Schulbuch in zweiter, überarbeiteter Auflage 1993, Behes Band 1996 und Dembskis Schrift 1999. Dieses Timing ist schon darum bemerkenswert, weil im Jahr 1987 der amerikanische Supreme Court dem Bundesstaat Louisiana verboten hatte, Evolutionsunterricht in der Schule durch Lehreinheiten in »wissenschaftlichem Kreationismus« zu ergänzen. Behe und seine Mitstreiter weisen schon diese Beschreibung der zeitlichen Abfolge als tendenziös zurück. Sie wollen ID nicht als taktisches Manöver verstanden wissen, mit dem Kreationisten das Urteil umgehen.

Da wir uns in Kapitel 6 mit dem Gehalt der Argumente gegen die Evolutionslehre beschäftigen wollen, nehmen wir hier die Nummerierung der Thesen wieder auf.

These 11: ID ist eine wissenschaftliche Theorie und nicht religiös motiviert.

These 12: Intelligent Design ist keine Fortsetzung des wissenschaftlichen Kreationismus oder anderer Varianten der Schöpfungslehre. Die Lehre teilt kaum Überzeugungen mit den Kreationisten. ID-Vertreter haben kein Problem mit dem Alter des Universums oder Grundzügen der Evolutionstheorie.

Tatsächlich schreibt zum Beispiel Michael Behe auf den ersten Seiten seines Buches:»Ich finde die Idee der gemeinsamen Herkunft (dass alle Lebewesen einen gemeinsamen Vorfahren haben) ziemlich überzeugend und habe keinen Grund, sie zu bezweifeln.« Seine Kritik an der darwinschen Lehre macht der Biochemiker weniger an den großen Linien der Naturgeschichte fest als an den Details. Sein wichtigstes Konzept heißt »nicht-reduzierbare Komplexität«: »Damit meine ich ein System«, definiert er den Begriff, »zu dessen Funktion mehrere, gut abgestimmte, miteinander wechselwirkende Teile beitragen, und das die Funktion verlieren würde, wenn man irgendein Teil entfernt.« Um den Begriff zu erläutern, wählt er das Beispiel einer Mausefalle. Sie bestehe aus fünf elementaren Teilen, zählt Behe vor. Keines davon dürfe fehlen, weil die Falle sonst nicht im rechten Moment zuschnappt.

»Ein nicht-reduzierbar komplexes System kann nicht durch kleine, sukzessive Veränderungen eines Vorläufer-Systems hergestellt werden, weil jeder Vorläufer, dem ein Teil fehlt, per definitionem nicht funktionieren würde.« Das ist übrigens ein direktes Zitat aus Darwins *Origin of Species*, der »ein komplexes Organ, das nicht durch viele kleine, sukzessive Veränderungen geformt worden sein kann«, zum Stolperstein seiner Theorie erklärt hatte. Behe will genau solche Stolpersteine auslegen. Dazu gehört zwar die Mausefalle selbst nicht, aber Behe hat sie so sehr zum Symbol erhoben, dass sie inzwischen sogar seine Webseite ziert. Wir halten also als **These 13** fest: Eine Mausefalle ist nicht-reduzierbar komplex. Es ist nicht vorstellbar, wie sie sich aus einfacheren Vorläufern entwickelt haben sollte, die schon eine minimale Funktion beim Fangen von Nagern hatten.

Dieses Konzept wendet Behe dann auf die Biologie an. Dabei überschwemmt der Biochemiker seine Leser mit Details; er entschuldigt sich dafür, schreibt aber: »Die Schockwirkung der Biochemie für die Evolutionstheorie stützt sich allein auf die Details.« In fünf Kapiteln versucht Behe nachzuweisen, dass die Geißeln von Bakterien, das Blutgerinnungssystem des Menschen, das Transportsystem, mit dem Zellen Biomoleküle in ihrem Inneren bewegen, sowie Teile des Immunsystems und Elemente des Energiestoffwechsels nicht-reduzierbar komplex seien. Darin geht es um Proteine und Mikrotubuli, Antikörper und Gerinnungsfaktoren, Erbinformation, Ionenkanäle und Brennstoff für die Zelle. Der Stoff ist anspruchsvoll, und schnell entsteht der Eindruck beim Leser, schon ein intelligenter Designer könne beim Zusammenbau leicht durcheinanderkommen – wie also solle ein ungerichteter Prozess die Komplexität geschaffen haben?

Dieser Eindruck ist erwünscht, aber Behe belässt es nicht dabei und baut seine Beweisführung aus. Um etwa die Geißeln von Bakterien zu erzeugen, die die Mikroorganismen zum Schwimmen benutzen, müssten drei Elemente zusammenkommen, schreibt er: ein Motor, ein Paddel und eine Verbindung dazwischen. Beim Cilium, der einfacheren Art von Geißel, ordnen sich neun lange Doppelröhrchen, so genannte Mikrotubuli, wie ein Bündel Strohhalme in einem Glas zu einem Zylinder. Zwischen die jeweiligen Nachbarn spannen sich zwei verschiedene Proteine: Während eines die Röhrchen zusammenhält wie Drahtseile zwei Zaunpfähle (Nexin), versucht das zweite, die Röhrchen gegeneinander zu verschieben (Dynein). Der Effekt ist, dass sich beide Röhrchen durchbiegen und die Geißel ausschlägt. Die Mikrotubuli wirken also als Paddel, Dynein ist der Motor, Nexin die Verbindung – nur alle drei zusammen könnten irgendeine Fortbewegung auslösen, schreibt Behe.»Wir können also die Schlussfolgerung ziehen, dass das Cilium nicht-reduzierbar komplex ist – ein riesiger Schraubenschlüssel, der ins Getriebe der angeblich graduellen darwinschen Evolution geworfen worden ist.« (**These 14**)

Die etablierte Forschung, moniert der Biochemiker, kümmere sich einfach nicht darum, wie dieser Apparat entstanden sein könnte.»In den vergangenen Jahrzehnten sind bestimmt zehntausend wissenschaftliche Aufsätze über das Cilium veröffentlicht worden«, schreibt er.»Aber nur zwei Artikel versuchen überhaupt, ein Modell der Entwicklung vorzuschlagen, das die wirklichen mechanischen Probleme berücksichtigt.« Diese Sprachlosigkeit konstatiert Behe bei allen seinen Beispielen und fällt daher ein vernichtendes Urteil über die Evolutionslehre:»Es gibt keine Veröffentlichung in der wissenschaftlichen Literatur …, die beschreibt, wie die molekulare Evolution irgendeines realen, komplexen, biochemischen Systems geschehen ist oder geschehen sein könnte«, schreibt er.»Im Effekt hat die darwinsche Theorie der molekularen Evolution nichts veröffentlicht, also sollte sie zugrunde gehen.«[13] (**These 15**) Mit dieser Feststellung hat Behe seinen Coup-de-grace erreicht. Er folgert daraus,»dass viele biochemische Systeme designt wurden«, und schreibt die grundlegenden Prozesse des Lebens auf der Erde einem intelligenten Schöpfer zu. Er verwahrt sich gleich gegen einen nahe liegenden Vorwurf.»Die Schlussfolgerung von intelligentem Design strömt auf natürliche Weise aus den Daten – nicht aus heiligen Büchern oder dem Glaubensbekenntnis einer Sekte.« Der Biochemiker ist daher sehr zurückhaltend bei der Frage, wer denn der Designer sein soll, dem er so viel zutraut. Auch dabei nützt ihm der Vergleich mit den Skulpturen auf dem Campus seiner Universität:»Rückschlüsse auf Design erfordern es nicht, dass wir einen Kandidaten für die Rolle des Designers haben.« (**These 16**) Tatsächlich kommt Behe auf Gott erst im letzten seiner elf Kapitel zu sprechen. Er erklärt, dass viele Menschen den Designer mit dem christlichen Gott identifizieren werden, an den sie ohnehin glauben. Die Wissenschaft aber könne und solle die Frage nach dem Designer ignorieren. Schließlich habe auch Newton die Schwerkraft beschrieben, ohne deren Wesen auf elementarem Niveau erklären zu können.

Was Behe damit nur andeutet, dass nämlich Naturwissenschaft seiner Prägung einen Steilpass zur Religionslehre schlägt, das spricht sein Mitstreiter William Dembski offen aus:»Es ist eine Aufgabe für den Theologen – die Intelligenz, die der Design-Theoretiker abgeleitet hat, mit dem Gott der Heiligen Schrift zu verknüpfen.« Die Lehre vom Intelligent Design selbst sei»keinesfalls verpflichtet, über das Wesen … irgendeiner designenden Intelligenz zu spekulieren«. Doch Dembski lässt von Anfang seines Buches *Intelligent Design* an keinen Zweifel aufkommen, was er persönlich meint: »Gott hat die Welt nicht nur geschaffen, er hält sie auch von Moment zu Moment aufrecht«. Sein Buch beginnt mit Kapiteln über göttliche Zeichen und Wunder; er behauptet dann, man könne »Gottes Design« nicht nur mit den Augen des Glaubens wahrnehmen, sondern auch mit wissenschaftlicher Methodik. Nur im Mittelteil seines Buches, das den wissenschaftlichen Kern seiner Thesen darstellen soll, verkneift er sich die Hinweise auf Gott. Darunter leidet die Qualität seiner Prosa erheblich. Ohnehin formuliert Dembski nicht annähernd so lebendig wie Behe; und da er sich die Bedingung auferlegt, Design festzustellen, ohne etwas über den Designer zu sagen, verfällt er in umständliche Sprachkonstruktionen und schiefe Bilder. Fairerweise muss man bei der Beurteilung auch berücksichtigen, dass Dembskis selbst gestecktes Ziel ihn zu komplexen Argumenten zwingt.

Der Mathematiker entwirft in seinem Buch ein Kriterium, wie sich seiner Meinung nach designte und nicht-designte Systeme in der Biologie (und prinzipiell auch in anderen Disziplinen) unterscheiden ließen. Er definiert dazu eine Variante zu Behes nicht-reduzierbarer Komplexität, die er »komplexe Spezifikation« nennt. Um Design zu erkennen, müsste ein Beobachter drei Fragen mit Ja beantworten: ob ein System kontingent[14], komplex und spezifiziert ist (**These 17**). Zur Erläuterung heißt es: »Kontingenz garantiert, dass das fragliche Objekt nicht durch einen automatischen und daher unintelligenten Prozess entstanden ist, der keine Wahl bei der Produktion hatte. Komplexität verbürgt, dass das Objekt nicht so einfach ist, dass es sofort durch Zufälle zu erklären ist. Und Spezifikation schließlich stellt sicher, dass das Objekt die Art von Muster zeigt, die charakteristisch ist für Intelligenz.«

Auch wenn wir die Wirkung dieses Filters noch untersuchen wollen, sei hier schon auf einen inneren Widerspruch von Dembskis Kriterium hingewiesen: »Spezifiziert« ist für ihn etwas, wenn man daran Intelligentes Design erkennen kann, und Intelligentes Design ist, was sich als spezifiziert (sowie kontingent und komplex) erweist – die Argumentation dreht sich im Kreis. Auch eine lange Passage darüber, dass ein System spezifiziert sei, wenn es seine Funktion unabhängig von seiner Entstehungsgeschichte erfüllt, hilft dem Kriterium kaum auf die Beine – hier mangelt es an Trennschärfe zwischen »spezifiziert« und »kontingent«, das ja auf eine nicht notwendige Entstehung abhebt.

Die Alltagsbedeutung von »spezifiziert«, nämlich dass ein System gemäß seiner Vorgaben genau an seine Funktion und an nichts anderes angepasst ist, versucht Dembski gar nicht erst formal zu definieren. Es scheint ihm aber ganz recht zu sein, wenn sein Publikum nach den umständlichen, eher gehaltlosen Worten mit seinem eigenen Verständnis von dem Begriff weiterliest. Jedenfalls hebt er danach immer wieder auf die Fähigkeit der Menschen ab, Design bei Alltagsgegenständen zu erkennen. Um nachzuweisen, dass sein Kriterium zuverlässig funktioniert, betrachtet Dembski Fälle, in denen es versagen könnte: falsch-positive und falsch-negative Ergebnisse. Solche Resultate sind vielen Lesern aus der Medizin bekannt. Wenn zum Beispiel eine Mammographie, also die Röntgenaufnahme der weiblichen Brust, ein falsch-positives Ergebnis hat, dann deutet das Bild auf einen Krebsherd hin, der gar nicht da ist. Eine weitere, invasive Untersuchung räumt den Verdacht dann in der Regel aus; in der Zwischenzeit aber macht sich die Patientin unnötige Sorgen. Eine falsch-negative Beurteilung wäre es hingegen, wenn der Arzt beim Durchleuchten einen vorhandenen Tumor übersähe. Die Frau würde sich in falscher Sicherheit wiegen. Medizinische Testverfahren versuchen in der Regel, beide Fehlervarianten zu minimieren, dabei gelten falsch-positive Ergebnisse oft als eher akzeptabel.

Dembski sieht es umgekehrt. Sein Kriterium könne durchaus mal ein designtes System für das Produkt der ungeleiteten Evolution halten, schreibt er, das sei unvermeidbar. »Negative Ergebnisse entwerten das Kriterium der komplexen Spezifikation nicht. Es ist in der Lage, intelligente Ursachen zu erkennen, die fest entschlossen sind, ihre Anwesenheit bekannt zu machen.« Dagegen ist der Mathematiker vollkommen sicher, dass sein Kriterium niemals Design erkennen würde, wo keines ist. Er begründet das so: »In jedem Fall, in dem das Kriterium der komplexen Spezifikation Design zuweist und wo die zugrunde liegende, kausale Erklärung bekannt ist, stellt sich heraus, dass tatsächlich Design vorliegt. Daher ist Design immer dann erkennbar, wenn das Kriterium der komplexen Spezifikation Design anzeigt.« **(These 18)** Mit anderen Worten: Dembski lässt sich auf das Risiko ein, dass ein einziges Gegenbeispiel sein Kriterium entwerten könnte. Um die Gefahr allerdings zu verringern, errichtet er hohe Hürden für die kausale Erklärung: Sie müsse schon den Charakter eines Videobeweises haben.

Dembski wendet sein Kriterium in dem Buch aber nicht an. Er erklärt, gleichsam nebenbei, dass sein Prüfverfahren Michael Behes fünf Beispiele als Design erkenne, aber er nimmt sich nicht den Raum, es auch nur in einem Fall explizit durchzuspielen[15]. Stattdessen hebt er sein Kriterium auf eine höhere Ebene und baut es zu einer Informationstheorie aus. Letztlich ist es nur eine Umformulierung, wenn er ein Kapitel lang von »komplex-spezifizierter Information« (CSI) spricht; immerhin lässt sich darauf aber ein mathematischer Apparat anwenden. Für Information – zunächst ohne die Adjektive – präsentiert Dembski eine Formel, um den Informationsgehalt eines Systems oder Ereignisses aus der Wahrscheinlichkeit zu errechnen, mit dem es rein zufällig entstanden sein könnte[16]. Die entstehende Zahl misst der Mathematiker in Bit, für einen Haupttreffer im Lotto (Wahrscheinlichkeit 1 zu 140 Millionen) ergeben sich danach 27 Bit, und für beliebige Zufälle im ganzen Universum setzt Dembski als großzügige Grenze 500 Bit[17]. »Wenn wir jetzt CSI als jede spezifische Information definieren, deren Komplexität 500 Bit an Information übersteigt, dann folgt daraus automatisch, dass der Zufall allein keine CSI erzeugen kann«, schreibt Dembski. Zuvor schon hat er das Auftreten von CSI zum Merkmal von Intelligentem Design gemacht. Und so merkt er im Gestrüpp seiner Argumente gar nicht, dass er gerade seine mühevoll eingeführten Adjektive »spezifiziert« und »komplex« über Bord geworfen hat: CSI und damit Intelligentes Design sind zu reiner Unwahrscheinlichkeit verkommen. Das ist nur folgerichtig, denn so hatte Dembski in seinem vorherigen Buch *The Design Inference* die komplexe Spezifikation auch definiert.

Dembskis Kniff, Information in den Mittelpunkt seiner Theorie zu stellen, hat die ID-Bewegung offenbar befruchtet: Eine Reihe der wissenschaftlichen Aufsätze, deren Erscheinen das Discovery Institute jeweils stolz vermeldet, beschäftigen sich mit unbekannten Informationsquellen in der Zelle und dem Fluss von Information bei der Entstehung neuer Arten. Besonders wichtig ist den Evolutionsgegnern dabei die kambrische Explosion (siehe auch Kapitel 4): Fossilienfunde im Burgess Shale in den kanadischen Rocky Mountains zeigen für das Erdzeitalter Kambrium (542 bis 488 Millionen Jahre vor der Gegenwart) eine Fülle von vielzelligen Lebewesen, für die es in tieferen Erdschichten kaum Vorläufer gibt. Die meisten Tierstämme, die heute noch leben, scheinen damals entstanden zu sein, darunter alle, die einen äußeren Panzer haben wie Insekten oder ein inneres Skelett wie die Wirbeltiere. Darüber schreibt zum Beispiel Stephen Meyer, Leiter der Abteilung *Science and Culture* am Discovery Institute:»Man kann sagen, die Form von Organismen herzustellen erfordert per definitonem die Erzeugung von Information.« Intelligentes Design sei die beste Antwort darauf, wie diese Information beim Auftauchen der kambrischen Tiere entstanden sein könnte (**These 19**).

Dembskis Information und Behes nicht-reduzierbare Komplexität gehörten schon vor dem Erscheinen ihrer Bücher zum Argumentationsmuster der ID-Szene. Sie finden sich daher auch in dem vorher veröffentlichten Schulbuch *Of Pandas and People*. Dort wird zum Beispiel die Giraffe mit ihrem langen Hals, den langen Beinen und dem Kreislauf, der die Höhenunterschiede zwischen Herz und Kopf bewältigen kann, in etwas anderen Worten als nicht-reduzierbar komplex dargestellt:»Die wechselseitige Abhängigkeit der Merkmale legt es sehr nahe, dass das gesamte, integrierte Paket von Anfang an vorhanden war.« Auch mit Dembskis Begriffen wird schon argumentiert: Neue Arten könnten nicht entstehen, wenn dafür zusätzlich genetische Information gebraucht werde. Die so genannte Makroevolution, das Entstehen von Amphibien aus Fischen oder von Menschen und Menschenaffen aus ihren gemeinsamen Vorfahren, sei daher unmöglich. Im Gegensatz dazu gehe bei der Mikroevolution, wenn sich also eine Art von einer verwandten abspaltet, allerhöchstens Information verloren. Mikroevolution ist okay, Makroevolution nicht: Das ist eine weit verbreitete Annahme in der ID-Szene (**These 20**). Sie teilt diese Meinung mit großen Teilen der Kreationisten. Verwandt damit ist die **These 21**: Es gibt keine Fossilien, die evolutionäre Zwischenstufen zeigen.

Wie diese Analyse in dem Schulbuch aber zum Beispiel mit der Entstehung neuer Schnabelformen bei den Darwin-Finken auf Galapagos zusammenpasst, lassen die Autoren von *Of Pandas and People* offen. Steckt denn den Küken der Finken die neue Information, wie ihnen der Schnabel zu wachsen hat, nicht in den Genen? Das Schulbuch diskutiert das nicht weiter, betont aber immer wieder, wie gut doch das Eingreifen eines höheren Wesens die angeblichen Probleme der Evolutionstheorie löse. So lautet auch der letzte Satz des Buches: »Ohne zu übertreiben gibt es beeindruckende und übereinstimmende Beweise aus jedem Bereich, den wir betrachtet haben, für die Ansicht, dass Lebewesen das Produkt von intelligentem Design sind.«

Generell ist daran zu erkennen, dass die Vertreter der ID-Lehre keinerlei Scheu haben, übernatürliche Phänomene in ihren angeblich wissenschaftlichen Argumenten zuzulassen. Dembski überschreibt sogar eines seiner Kapitel mit »Naturalism & its cure« (Naturalismus und seine Heilung): Er betrachtet es als Ideologie, wenn die Wissenschaft darauf vertraut, natürliche Ursachen für beobachtbare Phänomene zu finden, und daraus die Selbstbeschränkung herleitet, nur nach solchen Ursachen zu suchen. Dieser Naturalismus sei darauf ausgerichtet, analysiert der Mathematiker, Gott mindestens als irrelevant für den Lauf der Welt hinzustellen – was Dembski nicht zulassen will. So erklärt sich vielleicht, dass er schreibt: »Sogar die Behauptung, ein Ereignis sei durch einen Prozess ausgelöst worden, der jenseits einer wissenschaftlichen Erklärung liegt, kann ihrerseits eine wissenschaftliche Behauptung sein.«

Etwas anders geht Stephen Meyer vom Discovery Institute vor. Er zerpflückt in einem Essay das Kriterium, eine Denkschule handele nur dann wissenschaftlich, wenn sie Phänomene allein durch Verweis auf Naturgesetze erkläre. Daran scheiterten auch die etablierten Wissenschaften. Zunächst einmal hätten viele Disziplinen Probleme mit dem »Erklären«, denn ihre Formeln und Gesetze beschrieben nur die Regelhaftigkeit der Phänomene, erklärten aber ihre tieferen Ursachen nicht. Zudem seien viele Erscheinungen nicht allein durch Gesetze, sondern nur durch den zusätzlichen Hinweis auf vorherrschende Randbedingungen zu verstehen. All das soll den Verstoß seiner Lehre gegen das Kriterium der Wissenschaftlichkeit offenbar als weniger gravierend erscheinen lassen – wo die anderen Probleme mit »erklären« und »Gesetzen« haben, heißt das schließlich, stößt sich ID halt am Wort »natürlich«. Und um das gleich wieder abzumildern, schreibt Meyer dann: »Das Handeln von Agenten (ob göttlich oder menschlich) muss die Naturgesetze nicht verletzen; in den meisten Fällen ändert es nur die Anfangs- und Randbedingungen, auf denen die Gesetze wirken.«

Weil wir diese Frage im nächsten Kapitel weiter diskutieren wollen, halten wir als **These 22** fest: Wissenschaftliche Erklärungen müssen sich nicht auf natürliche Ursachen beschränken. Die Wissenschaftlichkeit ihrer Lehre wollen die ID-Vertreter auch mit folgender Behauptung belegen: ID ist ein fruchtbarer neuer Forschungsansatz. Er zwingt Wissenschaftler zu präziser Argumentation und inspiriert Theoretiker und Experimentatoren zu neuer Arbeit (**These 23**).

Behe, Dembski und Meyer zählen einiges auf: Man könnte nachrechnen, wo die nötige Information in der Zelle stecke, ob sie vielleicht viele Generationen ruhend überdauern könne, bevor sie sich in einer neuen Art manifestiere; man könne überprüfen, ob festgestelltes Design schon optimal sei, oder durch so genanntes Reverse Engineering, den gezielten Rückbau, hinter die Tricks des Designers kommen. Dembski erwartet sich sogar Auswirkungen auf das menschliche Zusammenleben: »Wenn Menschen designt sind, dann können wir annehmen, dass psychosoziale Schranken in unsere Hardware eingebaut sind«, schreibt er; schon jetzt zeige sich, dass viele Einstellungen und Verhaltensweisen, die unsere

Gesellschaft fördert, der menschlichen Entfaltung schadeten. Er führt das nicht weiter aus, aber es ist klar, dass er damit auf Themen wie Abtreibung oder die Homosexuellen-Ehe anspielt, die fundamentalistische Christen zu wilden Attacken gegen staatliche Gesetze treiben.

In keinem Fall aber, da geben sich die ID-Verfechter sicher, werde Design zu einer Ausrede für faule oder inkompetente Forscher verkommen. »Mir erscheint die Sorge, überall in der Wissenschaft werde nun das Übernatürliche auftauchen, völlig übertrieben«, schreibt Michael Behe. »Hypothesen über die Beteiligung eines intelligenten Agenten bei der Entwicklung des Lebens oder anderen historischen Ereignissen müssen von Fall zu Fall bewertet werden.« Generell glaubt er, seine Kollegen und er hätten der Wissenschaft ein Geschenk gemacht: »Eine streng formulierte Theorie von Intelligentem Design wird ein nützliches Werkzeug für die Fortentwicklung der Wissenschaft auf einem Gebiet sein, in dem sie seit Jahrzehnten erstarrt war.«

Zum Abschluss noch einmal zurück zu dem soeben zitierten Essay von Stephen Meyer: Er sagt darin ein paar interessante Dinge über die Methodik der Wissenschaft, die helfen können, die ganze Debatte um ID einzuordnen: »Philosophen der Wissenschaft haben zunehmend erkannt, dass die eigentliche Fragestellung nicht ist, ob eine Theorie wissenschaftlich ist, sondern ob sie wahr oder durch Beweise gerechtfertigt ist.« Zudem wirft er anderen Wissenschaften vor, sie könnten nicht erklären, *warum* sich Naturphänomene regelmäßig wiederholen.

Diese beiden Wörter aber, »Wahrheit« und »Warum«, sind in der Wissenschaft verpönt: Wahrheit ist ewig, Forscher hingegen haben gelernt, ihre Erkenntnisse für vorläufig zu halten, falls eines Tages eine bessere Erklärung vorgelegt wird. Und »Warum?« fragt nach einem Zweck, einem Ziel, das die Naturwissenschaft nicht weiter interessiert, weil damit eine subjektive Bewertung in die Analyse einfließt, was denn wohl der Zweck gewesen sein könnte oder sollte. Die Evolutionstheorie lehnt es sogar explizit ab, in der Naturgeschichte eine gerichtete Entwicklung zu suchen. Mit diesen Wesensmerkmalen verunsichert die Wissenschaft offenbar gerade Menschen, die tief im christlichen Glauben verwurzelt sind, wie das für die meisten ID-Verfechter gilt: Sie betrachten die Botschaft der Bibel als ewige Wahrheit, die keinerlei Relativierung zulässt. Und sie erkennen im Glauben den Sinn oder Zweck ihres Lebens – oft ist es der, sich für das Nachleben zu bewähren. Es mag für sie daher tröstlich sein, im Design von biochemischen Strukturen oder ganzen Lebewesen Belege für das Wirken eines höheren Wesens in der Natur zu erkennen. Und sie sind empört, wenn ihnen die etablierte Forschung diesen Trost verweigert.

»Evolution ist eine Serie erfolgreicher Fehler«

6. Kapitel: Wie Wissenschaftler die Thesen der Kreationisten widerlegen

Eugenie Scott ist eine elegante Erscheinung, wenn sie auf wissenschaftlichen Konferenzen ans Rednerpult tritt oder Vorträge vor Biologielehrern hält. Gekleidet in Blazer oder Kostüm ermuntert sie die Pädagogen dann, trotz Widerständen in der Elternschaft ihrer Schule die Grundlagen der Evolutionslehre im Unterricht zu behandeln. Sie warnt davor, Schüler dadurch zu verdummen, dass christlich motivierte, angebliche Alternativen der darwinschen Theorie zum Lehrstoff werden. Und sie liefert ihren Zuhörern Argumente, warum die Behauptungen der »Schöpfungs-Forscher« pseudowissenschaftlicher Unsinn sind. Das ist ihr Job: Eugenie Scott leitet seit fast 20 Jahren das National Center for Science Education (NCSE). Der gemeinnützige Verein mit Sitz in Oakland, Kalifornien, hat als Ziel, den Einfluss der Kreationisten auf Amerikas Schulen zurückzudrängen.

Doch gelegentlich tauscht Scott das Kostüm gegen T-Shirt und Shorts, zieht Wanderschuhe an, bindet das sonst offen getragene silbergraue Haar zum Pferdeschwanz und streift eine Schwimmweste über. Dann übt sie ihren Beruf bei einem Schlauchboot-Trip aus – auf dem Colorado durch den Grand Canyon. Für Juli 2007 ist wieder einer geplant; beim letzten, im August 2005 hat ein Reporter der *New York Times* Scott und ihre Gäste einige Tage durch den »Louvre der Wissenschaftler« begleitet, wie die NCSE-Direktorin die grandiose Schlucht nennt. Weil Kreationisten den Canyon für nur 4500 Jahre alt erklären und ihre Thesen ebenfalls auf Schlauchboot-Touren verbreiten, hat sich Scott vorgenommen, die tatsächliche Geologie am Fuß der Felsen zu erläutern. Die rotbraunen Wände demonstrieren schließlich das große Alter der Erde – auch Lebewesen hatten also genug Zeit, sich nach den Regeln der darwinschen Theorie langsam zu verändern.

Den üblichen Regeln für solche Trips (zum Beispiel, was man machen soll, wenn man in einer Stromschnelle über Bord fällt) fügt Scott dann eine neue hinzu. Mit gespieltem Ernst warnt sie die Teilnehmer: Wer sagt, dass er an die Evolution *glaubt*, muss zu Fuß nach Hause gehen. Sie erzählt das beim Interview lachend, aber es ist ihr ernst. »Evolution ist keine dogmatische Lehre, die man glauben muss, sondern Ergebnis lebendiger Wissenschaft, das man akzeptieren kann«, sagt sie. Diese Klarstellung ist nötig, weil Kreationisten dazu übergegangen sind, die unter anderem vom NCSE vertretene, etablierte Forschung als »Darwinismus« zu bezeichnen, also als Ideologie. Scott will sich von solchen Vorwürfen nicht in die Ecke drängen lassen: »Wir müssen eigentlich damit aufhören, den Darwinismus, wie die das nennen, zu verteidigen. Wir müssen von denen die Beweise verlangen, dass sie eine wissenschaftliche Position haben.«

Tatsächlich wäre das eine gute Strategie, denn Forscher haben den Kreationisten wieder und wieder nachgewiesen, dass ihre Bücher und Aufsätze gegen elementare Regeln der wissenschaftlichen Methodik verstoßen. Doch der Streit mit den Evolutionsgegnern muss bei deren bevorzugtem Publikum gewonnen werden: Laien, denen ein Verstoß gegen die Sitten der Forschergemeinde eher wenig bedeutet. Sie haben vielleicht schon die Geduld verloren, wenn Scott oder ihre Mitstreiter erst erklärt haben, dass Theorien für Forscher mehr bedeuten als Fakten, weil Theorien auf Fakten aufbauen und deren Interpretation und Einordnung erlauben. Für Laien hingegen ist eine Theorie kaum mehr als eine wilde Vermutung und ein Faktum unangreifbar – eine Sprachverwirrung, die Evolutionsgegner gern ausnutzen. Eugenie Scott macht sich daher die Mühe, Behauptungen der Kreationisten und der Vertreter der Lehre vom Intelligent Design en Detail zu widerlegen, wie ihr Buch *Evolution vs. Creationism* zeigt. Sie ist in ihrem Widerstand nicht allein. Zu den ID-Büchern von Michael Behe und William

Dembski gibt es Dutzende Verrisse. Viele Wissenschaftler, darunter auch Richard Dawkins aus Oxford und Kenneth Miller von der Brown University auf Rhode Island, haben die Thesen der Evolutionsgegner immer wieder entkräftet.

Die Argumente beider Lager sind nahezu komplett im Internet zu finden; viele der führenden Vertreter bieten ihre Essays auf Webseiten zum kostenfreien Download an, weil sie ein möglichst breites Publikum erreichen möchten. Die Macher von www.talkorigins.org haben sich sogar die Mühe gemacht, die Behauptungen der Evolutionsgegner zu kategorisieren und einzeln mit meist jeweils mehreren Argumenten zu widerlegen. Der Vorwurf, Evolution sei eine Religion, firmiert zum Beispiel unter der Code-Nummer CA610.

Aus den vielen hundert dort behandelten Behauptungen haben wir in den Kapiteln 2 und 5 einige kennengelernt; die jeweiligen Gegenargumente folgen in diesem Abschnitt. Wir fangen dabei mit der Kritik am Intelligent Design an, die massive Vorwürfe an die Evolutionsgegner enthält. So schrieb zum Beispiel der britische Genetiker Steve Jones vom University College London in der *Zeit*: »Intelligent Design ist keine wissenschaftliche Theorie. Sie speist sich aus Denkfaulheit und Arroganz: ›Ich bin ein kluger Kerl, und ich kann nicht verstehen, wie das alles durch Evolution entstehen konnte. Also konnte es nicht durch Evolution entstehen.‹« Floyd Aranyosi von der University of Washington in Seattle wirft bei *Talkorigins* sarkastisch ein: »Behe vergisst seine Leser darüber zu unterrichten, dass sich die Natur nicht nach den Grenzen von Behes Vorstellungsvermögen zu richten hat.«

Die Kritik trifft das zentrale Konzept des Biochemikers, die nicht-reduzierbare Komplexität, die er in seinem Buch *Darwin's Black Box* beschreibt. Er attestiert diese Eigenschaft Systemen, die nicht mehr funktionieren würden, wenn ein Element fehlt; also könnten sie auch nicht durch das langsame Hinzufügen von Teilen entstanden sein, schließt er daraus, weil die Evolution nur Funktionsvorteile belohne. Viele Forscher zeigen jedoch, dass Behes Beispiele auch mit weniger Teilen funktionieren, und skizzieren Szenarien, wie sie sich entwickelt haben könnten. Das beginnt schon mit Behes Symbol, der Mausefalle (These 13, Kapitel 5). John McDonald von der University of Delaware präsentiert auf seiner Webseite eine animierte Abfolge von Evolutionsschritten. Die Sequenz beginnt mit einem kräftigen, elastischen Draht. Er bekommt zunächst die Form eines Schreibschrift-*l*. Diese Schlaufe wird auseinandergebogen und die beiden Enden gegeneinander verkantet, so dass ein etwa ovaler Bügel entsteht. Dieser wird dann an die Wand vor dem Mauseloch gelehnt. Tritt der Nager auf eines der verkeilten Enden, löst sich deren Blockade, der Draht schnappt unter seiner inneren Spannung in die *l*-Form zurück und quetscht die Maus ein. »Keine gute Falle, aber besser als gar keine«, kommentiert McDonald. Jetzt beginnen die langsamen Veränderungen. Wird der Draht am oberen Umkehrpunkt des *l* zu einer Feder verwunden, hält er länger; wird die Konstruktion auf die Seite gekippt, fällt der Bügel nicht mehr so leicht um; wird nun die neue Unterseite auf einer Basis befestigt, lässt sich die Falle besser an anderen Orten aufstellen, und so weiter. Nach zwölf kleinen Variationen ist die Mausefalle fertig. Dabei geschieht etwas Unerwartetes, berichtet McDonald: »Ein Teil, das zunächst optional war, wurde später notwendig, wenn sich andere Teile verändert hatten.«

Natürlich will der Biologe aus Delaware damit nicht belegen, dass heutige Mausefallen das Produkt der Evolution sind. Der entscheidende Punkt ist: Behes nicht-reduzierbar komplexe Systeme können durchaus auf verschlungenen Wegen entstanden sein, und Einzelteile zunächst eine ganz andere Funktion gehabt haben. Kenneth Miller zählt zwölf verschiedene Produkte auf, die aus den Mausefallen-Bauteilen hergestellt werden könnten: darunter ein Zahnstocher, ein Schlüsselring, ein Nussknacker und eine Krawattenklammer. All diese Produkte hätte eine fiktive Technik-Evolution per Variation und Selektion optimieren und dann als Vorstufen der Falle nutzen können.

Dies ist wohl der zentrale Vorwurf gegen Behe, dass er unterstellt, die Evolution müsse stets direkt auf ein Ziel hingearbeitet haben, als sie zum Beispiel die Bakteriengeißeln schuf (These 14). »Biologen wissen seit Jahren, dass jede der Hauptkomponenten dieses Ciliums, darunter die Proteine Tubulin und Dynein andere Funktionen in der Zelle ausfüllen, die nichts mit der Bewegung des Ciliums zu tun haben«, sagt Kenneth Miller. Die verwendeten Mikrotubuli, zusammengesetzt aus Tubulin, dienen zum Beispiel auch der bloßen Versteifung von Zellkörpern. Gut denkbar also, dass sich irgendwann das Gen, das den Aufbau der Mikrotubuli steuert, verdoppelt hat, was eine häufige Form der Mutation ist. Nun bauten die Nachkommen des Bakteriums mehr Mikrotubuli; einige wurden dann womöglich durch eine weitere Genveränderung länger als die normalen, so dass sich die Zellmembran an einer Stelle nach außen spannte.

Dieses Szenario erkennt Behe in seinem Buch schon an, doch kann er keinen Vorteil darin erkennen. Hier greift wieder der Vorwurf seiner mangelnden Vorstellungskraft. Eine wie ein Zelt aufgespannte Membran vergrößert die Oberfläche der Zelle, was zur Nahrungsaufnahme durchaus Vorteile geboten haben kann. Und wenn sich nun eines der vorhandenen Motor-Proteine (Dynein) an den verlängerten Mikrotubulus angelagert hätte, hätte es für leichte Vibrationen der gespannten Membran und damit vielleicht für eine bessere Zirkulation der Nährflüssigkeit um den Mikroorganismus sorgen können – ein weiterer Vorteil, den die Evolution hätte honorieren können, auch wenn die Konstruktion zu schwach war, um das Bakterium vorwärtszutreiben.

Ein solches, im Konjunktiv erzähltes Szenario ist kein Beweis, wie Behe zu Recht moniert. Arbeitet das mal detailgetreu aus und veröffentlicht es, dann reden wir weiter, ruft er den Kollegen zu, die ihn angreifen. Aber genau das ist inzwischen geschehen: Der italienische Biologe Martino Rizzotti hat im Jahr 2000 ein ganzes Buch mit Hypothesen über die schrittweise Entwicklung von Zellstrukturen veröffentlicht, darunter das Cilium (das Buch heißt *Early Evolution*).

Über etliche andere »reale, komplexe, biochemische Systeme«, wie Behe das in der These 15 formuliert hatte, sind detaillierte Erklärungen erschienen – teilweise schon vor der Veröffentlichung von *Darwin's Black Box*. Dass die Evolutionsbiologie sprach- und ratlos sei, dass sie wegen mangelnder Veröffentlichungen untergehen müsse, stimmt also auch nicht.

»Die korrekte Metapher für die Evolution ist nicht die eines Ingenieurs aus der Ersten Welt, sondern die eines Automechanikers aus der Dritten«, schrieb Robert Dorit vom Smith College in Massachusetts in einer Rezension von Behes Buch. »Evolution ist eine Serie erfolgreicher Fehler«, ergänzt Steve Jones. »Wenn es darum geht, ihr eigentlich schwächliches Design zu verbessern, tut die Evolution ihr Bestes.« Darum verweisen Verfechter der Evolution oft auf die Mängel von Lebewesen, auf Organe, die gerade so ihre Funktion erfüllen. Der blinde Fleck im Auge des Menschen zum Beispiel entsteht, weil die Sehnerven nach vorne aus der Netzhaut austreten und dann die lichtempfindliche Membran gebündelt Richtung Gehirn durchstoßen müssen. Hätte ein wirklich intelligenter Designer etwas so gebaut?, fragen die Gegner der ID-Lehre. Oder die Kreuzung zwischen Luft- und Speiseröhre, die die Gefahr des Sich-Verschluckens birgt? Oder, oder, oder.

Eigentlich, sagen Evolutionsfreunde dann, ist auch nicht-reduzierbare Komplexität ein Designfehler, denn ein kluger Designer würde lebenswichtige Systeme redundant und wartungsfreundlich auslegen, so wie es bei Kühlkreisläufen von Kernkraftwerken geschehen sollte. Die ID-Verfechter wehren sich gegen diese Vorwürfe meist mit dem Argument, sie könnten die Gedankengänge ihres Designers nicht nachvollziehen: »Das Argument mit der mangelnden Perfektion übersieht die Möglichkeit, dass der Designer mehrfache Motive gehabt haben könnte, sodass die Qualität der Ingenieursleistung sekundär war«, schreibt Behe. Das aber ist von der Struktur her die gleiche Antwort wie Trost eines Pfarrers für Trauernde: Die Wege des Herren sind unergründlich. Will ID eine Wissenschaft sein, darf sie nicht plötzlich theologische Argumente benutzen.

Doch auf die wissenschaftliche Bühne haben sich Männer wie Behe und Dembski sowieso nie getraut, sagt Kenneth Miller; ihre Lehre sei eben nicht wissenschaftlich fundiert (These 11, erster Teil). Behe nennt zum Beispiel keine Bedingung, unter der seine

Behauptung zu widerlegen ist. Kein einzelner Beweis, den die etablierte Wissenschaft erbringen könnte, wonach einzelne Systeme doch durch die Evolution entstanden sind, wäre ein Widerspruch zur Design-Lehre, schreibt er. Diese wäre also erst entkräftet, wenn Forscher praktisch den Weg jedes einzelnen Atoms in der Evolution nachvollziehen könnten; das aber ist nicht zu leisten. Auf ein realistisch zu prüfendes Kriterium zu pochen, ist keine Frage des guten Tons: Fehlt eine solche Hypothese, lähmt es die Wissenschaft, weil sie keine Forschungsansätze für entscheidende Experimente findet.

Zwar behaupten die ID-Vertreter, ihre Hypothese mache innovative Forschung möglich (These 23), doch wenn man auf der Webseite des Discovery Institute danach sucht, ist das Ergebnis mager. Zehn Jahre Arbeit haben laut einem jubelnden Eintrag 40 Veröffentlichungen in begutachteten Medien hervorgebracht, die allerdings teilweise doppelt unter verschiedenen Kategorien genannt werden. Die meisten entstammen zwei in der Szene veröffentlichten Sammelbänden; ihren Titeln und Zusammenfassungen zufolge schreiben sie die Design-Hypothese in kleinen Verästelungen fort. Innovative Forschungsansätze hat die Bewegung nicht gefunden.

Auch an William Dembskis Beiträgen zur Wissenschaft lassen Kritiker kein gutes Haar. Der Philosophieprofessor vom Southwestern Baptist Theological Seminary in Fort Worth hatte in These 17 behauptet, ein System müsse kontingent (also nicht durch einen automatischen Prozess und damit nicht regelhaft erzeugt), komplex und spezifiziert sein, damit man Design an ihm erkennen kann. Die inneren Widersprüche seines »Kriteriums der komplexen Spezifizierung« hatten wir ja schon behandelt. Daneben gibt es ein gravierendes Problem mit der »Kontingenz«. Denn ob wir Regelhaftigkeit überhaupt erkennen können, hängt von unserem Wissen über die Welt ab.

Wesley Ellsberry, der mit Eugenie Scott am NCSE arbeitet, hat das schon vor Jahren anhand einer Detektiv-Geschichte erklärt: Ein Safeknacker wird auf frischer Tat vor einem geöffneten Panzerschrank erwischt. Er behauptet, er habe nur beiläufig an dem

Stellrad für die Kombination gespielt und der Tresor sei aufgesprungen. Da das Schloss 10 Milliarden Kombinationsmöglichkeiten hat, glaubt ihm das niemand, die Öffnung war also kontingent – nicht regelhaft. Doch im Strafprozess tritt ein Angestellter des Safeherstellers auf und räumt ein, bei dem Safe liege ein Produktionsfehler vor. Dieser bewirke, dass die Sicherungsstifte beim schnellen Drehen des Rades durch die Zentrifugalkraft in die passenden Nuten rutschten. Also war die Öffnung doch nicht kontingent.

Wenn solche nachgelieferten Informationen Dembskis Filter beeinflussen, der ja auch für die Safeöffnung gelten müsste, ist dieser als Messinstrument für Design unbrauchbar (These 18). Niemand kann schließlich zuerst alles Wissen erwerben. Zudem stimmt die Behauptung des Philosophen, der auch einen Abschluss in Mathematik hat, nicht, sein Kriterium werde nie Design dort erkennen, wo keines vorliege. Dembski hatte das mit einem Analogieschluss begründet, ähnlich der »Beweisführung«, dass alle Raben schwarz sind: Es ist noch nie ein andersfarbiger gesehen worden. Diese Methode produziere jedoch ein unerwartetes Ergebnis für einen frommen Christen wie Dembski, zeigt Elsberry mit einem kanadischen Kollegen genüsslich. »Nach Dembskis Verfahren sind Menschen im Endeffekt immer verantwortlich, wenn Kommunikation in einer menschlichen Sprache empfangen wurde. In anderen Worten, die Bibel ist rein menschlichen Ursprungs.« Und nicht göttlich inspiriert.

Im Dienste ihrer »Wissenschaft« könnten die ID-Verfechter nun die Zähne zusammenbeißen und tapfer behaupten, ihre Lehre sei ohnehin nicht religiös motiviert (These 11, zweiter Teil). Doch um das zu widerlegen, haben Evolutionsfreunde einfach einige Zitate zusammengetragen. »Unsere Strategie ist es gewesen, das Thema etwas zu ändern, so dass wir die Frage von Intelligent Design, was tatsächlich die Realität Gottes bedeutet, in die akademische Welt und in die Schule bekommen«, zitiert zum Beispiel *Talkorigins* aus einem Radiointerview mit Philip Johnson, einem der Gründer der ID-Bewegung und leitenden Mitarbeiter des Discovery Institute.

Auf ähnliche Weise lässt sich der Behauptung begegnen, Intelligent Design sei keine Fortsetzung der Schöpfungswissenschaft, die in den USA juristische Niederlagen hinnehmen musste (These 12). »Ausgewählte Bemerkungen von prominenten Kreationisten zeigen die direkte Abstammungslinie von der Schöpfungswissenschaft ... zu ›Intelligent Design‹«, schreibt Barbara Forrest, Professorin an der Southeastern Louisiana University, die das Buch *Creationism's Trojan Horse* über ID geschrieben hat. Und es gibt viele weitere Indizien: Die Webseite www.creation-science.org (Schöpfungswissenschaft) führt automatisch weiter zum Access Research Network, einer ID-Organisation. Das Schulbuch *Of Pandas and People* wurde kurz vor Erscheinen seiner ersten Auflage mit kleinen Änderungen von Kreationismus auf ID getrimmt, stellte im September 2005 ein amerikanisches Gericht fest: »Eine absichtsvolle Änderung der Wörter wurde vorgenommen ohne eine damit zusammenhängende Veränderung im Inhalt«, heißt es im Urteil zum so genannten Dover-Prozess (siehe Ausblick).

Eugenie Scott fasst die Situation in einen Scherz: »Auch die Ansichten der Schöpfungs-Freunde unterliegen der Evolution«, sagt sie. Auf dem Marktplatz der Meinungen müssten sie sich anpassen, um nicht unterzugehen. Das ist eine passende Metapher, denn man kann die Junge-Erde-Kreationisten in der Tradition von Henry Morris (Kapitel 2) und die ID-Vertreter als zwei verwandte Spezies auffassen. Beide haben unterschiedliche Ansichten, wie das oft in der Geschichte des Christentums bei konkurrierenden Sekten vorgekommen ist. Doch dass sich die Bedingungen der politischen Umwelt geändert haben – die Gerichte haben »wissenschaftlichen Kreationismus« als Unterrichtsstoff ja verboten – gereicht Männern wie Behe und Dembski sowie Phillip Johnson und seinem Discovery Institute zum Vorteil. Ihre Variante der Evolutionskritik findet nun die Unterstützung jener Finanziers, die die christliche Botschaft den eindeutigen Bestimmungen der US-Verfassung zum Trotz in die öffentlichen Schulen tragen wollen.

Auch für die vielen Einwände gegen die Evolutionstheorie, die Kreationisten teilweise gemeinsam mit den ID-Verfechtern erheben, haben Forscher Gegenargumente gefunden. Arbeiten wir die verbleibenden Thesen ab.

These 22: Wissenschaftliche Erklärungen müssen sich nicht auf natürliche Ursachen beschränken. Antwort: Übernatürliche Ursachen so zu beschreiben, dass die Forschung damit arbeiten kann, ist nicht möglich. Sie lassen sich per definitionem nicht mit den fünf Sinnen des Menschen oder seinen Messinstrumenten fassen, also müsste man, um auf eine übernatürliche Ursache zu schließen, zunächst alle natürlichen Ursachen ausschließen. Da Wissenschaft stets nur vorläufige Ergebnisse produziert, kann niemand wissen, ob wir schon alle natürlichen Ursachen kennen.

These 21: Es gibt keine Fossilien, die evolutionäre Zwischenstufen zeigen. Antwort: Doch, davon gibt es sogar viele. Michael Behe hat das bitter erfahren müssen: Er forderte die etablierte Wissenschaft 1994 heraus, Übergangsfossilien für die Rückkehr der Wal-Vorfahren ins Meer zu präsentieren. Zwei Jahre später wurden gleich drei solche Fossilien gezeigt. Die Wissenschaft macht dabei ständig Fortschritte: Erst im April 2006 haben Forscher zwei interessante Aufsätze veröffentlicht: Zum einen über die letzte Schlange, die noch ein Kreuzbein und funktionierende Hinterbeine besaß. Zum anderen über *Tiktaalik roseae*. Dieses 375 Millionen Jahre alte Fossil markiert den Übergang von Fischen zu Landtieren. Seine Vorderflossen zeigen schon den Charakter von Vorderbeinen. Schultern, Ellbogen und Handgelenke konnten sein Gewicht bei Ausflügen aus dem seichten Wasser an Land tragen. Gleichzeitig besaß das Tier noch die Schuppen und den Kiefer eines Fisches. »Der *Tiktaalik* verwischt die Grenze zwischen Fischen und Landtieren«, sagte Niel Shubin von der University of Chicago, Ko-Autor des Aufsatzes im Magazin *Nature*.

These 20: Eine Mikroevolution kann die Evolutionsforschung belegen, Makroevolution nicht. Antwort: Makroevolution, also das Abspalten einer neuen von einer alten Art bis hin zur Entstehung komplett neuer Stämme von Lebewesen, hat die Evolutionstheorie schon bestätigt – unter anderem mittels der Übergangsfossilien. Hier wirken die gleichen Mechanismen wie bei der Mikroevolution; diese verändert Gene so, dass ihre Träger weiterhin zur gleichen biologischen Art gehören, aber statt roter nun orangefarbene Schuppen haben. Die These wird oft mit dem Informationsgehalt des Erbguts verknüpft: Er könne angeblich nicht zufällig anwachsen, um eine neue Spezies zu erzeugen. Genau das aber ist auch schon bewiesen worden. Mutationen können komplett neue Eigenschaften erzeugen, wenn die zufälligen Variationen aufgrund von Überlebensvorteilen von der natürlichen Selektion bevorzugt werden.

These 19: In der kambrischen Revolution sind so viele neue Tierstämme entstanden, dass die Zeit dafür nicht ausgereicht hätte. Insbesondere ist unklar, woher die nötige genetische Information gekommen ist. Antwort: Die kambrische Revolution hat immerhin zehn bis dreißig Millionen Jahre gedauert; in einer vergleichbaren Zeitspanne sind auch die meisten Säugetieräste am Baum der Evolution entstanden, sagt Richard Dawkins. Außerdem erkennen Wissenschaftler zunehmend, dass es auch in der Zeit vor Beginn des Kambriums einige komplexe, mehrzellige Tiere gegeben hat. Im Kambrium jedoch haben sich die ersten Tiere mit Innen- oder Außenskelett entwickelt, die als Erste gute Fossilien hinterließen. Außerdem werden etliche Hypothesen diskutiert, warum es so viele neue Tiere in so relativ kurzer Zeit gab. Zum einen könnte das Aufkommen von Raubtieren die Entwicklung von Panzern bei ihrer Beute enorm beschleunigt haben. Zum anderen haben sich zu Beginn des Kambriums offenbar die ersten Hox-Gene entwickelt, die noch heute in der Embryonal-Entwicklung die Umgestaltung von Zellhaufen zu strukturierten Tierkörpern steuern. Variationen und Mutationen dieser Erbanlagen könnten in kurzer Zeit zu einer großen Vielfalt an Körper-Bauplänen geführt haben. So ist die fehlende Information entstanden.

These 6: Die Chance, dass sich auch nur ein Protein per Zufall bildet, ist eins zu 10^{113}, eine Eins mit 113 Nullen. Antwort: Einen solchen Wert gesteht selbst der Design-Theoretiker William Dembski noch als möglichen Zufall zu. Allerdings nimmt kein Vertreter der Evolutionslehre an, dass sich Proteine oder andere

Biomoleküle spontan durch Zufälle gebildet haben. Jede kleine zufällige Änderung im Bauplan des Eiweißmoleküls musste sich schließlich durch eine verbesserte Funktion bewähren. Diese Funktion muss aber nichts mit der Aufgabe zu tun haben, die das Protein heute erfüllt.

Außerdem ignorieren die Kreationisten neben der Selektion auch die Populationsgröße, schreiben die deutschen Evolutionsforscher Axel Meyer und Hubert Markl in der *Frankfurter Allgemeinen Zeitung*. Von Milliarden Bakterien hätte ja nur eines, irgendeines, zufällig ein neues Protein entwickeln müssen, das die Evolution dann fördert. Sie vergleichen die Situation mit Lotto: Auch wenn die Wahrscheinlichkeit, »6 Richtige mit Superzahl« zu tippen, sehr klein ist, gelingt es doch fast jede Woche einem der Millionen Lottospieler. Und – zurück in der Biologie – speziell den Proteinen erleichtere eine Besonderheit die Neubildung. Im Erbgut, wo ihr Bauplan festgehalten wird, gebe es nur 200 so genannte Motive, also kurze Sequenzblöcke einer bestimmten Gestalt, die immer wieder neu kombiniert werden können. Tatsächlich sei also die Wahrscheinlichkeit einer neuen Proteinproduktion viel höher als zunächst angenommen.

These 5: Mutationen sind zu selten, um die Evolution zu erklären. Antwort: Falsch, Mutationen treten dauernd auf. Wenn man Laborkulturen von Coli-Bakterien hält, kann man unter geeigneten Bedingungen einige Millionen Mutationen pro Tag erwarten. Auch das Genom der Menschen ändert sich, allerdings schwanken die Schätzungen enorm: zwischen 1,6 und 175 Mutationen pro Generation. Die meisten dieser Veränderungen haben keinen Effekt, zum Beispiel weil sie in Abschnitten der Chromosomen auftreten, die keine aktiven Gene enthalten. Und ob die anderen positive oder negative Folgen haben, hängt von den momentanen Umweltbedingungen ab. Es gibt zudem viele verschiedene Wege, wie Mutationen auftreten können, darunter: Einzelne Buchstaben der DNS werden bei der Zellteilung falsch kopiert, ganze Gene verdoppelt und woanders eingesetzt, Chromosomen können brechen und sich anders als zuvor wieder zusammenfinden.

Daneben gibt es einige Thesen, die traditionelle Kreationisten allein vertreten. ID-Verfechter wollen mit diesen Angriffen auf Logik und Naturgesetze in der Regel nichts zu tun haben.

These 1: Die Erde ist jünger als 10 000 Jahre. Schluchten wie der Grand Canyon sind vor etwa 4500 Jahren durch die Sintflut entstanden. Antwort: In manchen skandinavischen Seen gibt es Sedimente mit über 200 000 Lagen, die jeweils entstehen, wenn im Frühling das Eis schmilzt. Eisbohrkerne aus der Antarktis zeigen über 600 000 Jahresringe. Um die These vom Alter zu widerlegen, muss man also nur zählen können. Das wirkliche Alter der Erde ergibt sich aus Messungen an radioaktivem Gestein: Es beträgt bei allen geeigneten Methoden etwa 4,5 Milliarden Jahre. Und beim Grand Canyon hat der Colorado sein Bett in bereits gefestigte Sedimentlagen geschnitten. Manche Theorien der Kreationisten sagen jedoch, die Flut habe sowohl die Sedimente mit all ihren Fossilien gelegt, als auch die Schlucht geschnitten, das aber ist unmöglich. Weiterhin ist unverständlich, wie das ablaufende Wasser der Sintflut mit seiner mutmaßlich großen Wucht die pitoresken Schleifen im Grand Canyon und seinen Nebenarmen geschaffen haben könnte. Große Flutereignisse hinterlassen heutzutage breite, flache Flussbetten mit stromlinienförmigen Inseln.

These 2: Die Zerfallsrate radioaktiver Elemente war in der Vergangenheit höher. So erklären sich die Datierungen der Erde. Antwort: Die Physik kennt keinen Prozess, der den Zerfall einzelner Atomkerne derart beschleunigen könnte. Zum Glück: Wären all die Uranatome in 10 000 statt in 4,5 Milliarden Jahren zerfallen, wäre die Erde geschmolzen. Man kann die Konstanz der Zerfallsraten übrigens auch im Weltall an Sternexplosionen ablesen. Die Strahlung der 1987 entdeckten Supernova SN1987A hat 169 000 Jahre gebraucht, um die Erde zu erreichen. Damals zumindest sind die radioaktiven Elemente so zerfallen wie heute.

These 3: Die Lichtgeschwindigkeit war früher höher, so ist das Licht entfernter Sterne viel schneller zu uns gekommen. Antwort: Dafür kennt die Physik keinen Mechanismus. Eine gern zitierte Arbeit des australischen Kreationisten Barry Setterfield von 1987 hat historische Messungen der Lichtgeschwindigkeit ausgewertet, die nicht so genau waren wie heutige. Demnach ist die Lichtgeschwindigkeit in den vergangenen gut drei Jahrhunderten um drei oder 40 Kilometer pro Jahr gefallen, je nachdem, welche Datenpunkte Setterfield und ein Kollege in ihre Analyse einbezogen haben. Die etablierte Wissenschaft, aber auch Mitglieder des Institute for Creation Research in San Diego, der Kaderschmiede für Junge-Erde-Kreationisten, werfen Setterfield einen selbstherrlichen Umgang mit den Daten vor, der seine Schlussfolgerung entwertet. Eine korrekte Analyse zeige eine konstante Lichtgeschwindigkeit[18].

These 4: Das ganze Universum ist von Gott so geschaffen worden, dass es den Eindruck großen Alters vermittelt. Antwort: Möglich, aber was besagt das? Wenn es wirklich das ganze Universum ist, dann wird jede wissenschaftliche Messung Ergebnisse erbringen, die zu den von Gott vorgetäuschten Naturgesetzen passt. Dann hätte auch niemand Anlass, Gott für irgendwelche Phänomene der Natur verantwortlich zu machen. Wenn er Wert darauf legt, dass die Menschen ihn verehren – warum sollte er sie so täuschen? Das würde übrigens auch Bibelzitaten widersprechen, zum Beispiel dem Römerbrief (1,20): »Denn Gottes unsichtbares Wesen, das ist seine ewige Kraft und Gottheit, wird seit der Schöpfung der Welt ersehen aus seinen Werken.«

These 7: Der zweite Hauptsatz der Thermodynamik besagt, dass die Ordnung auf der Erde nicht zunehmen kann; Evolution aber ist ein Prozess, der Ordnung schaffen will. Antwort: Das ist ein klares Fehlzitat: Der zweite Hauptsatz besagt, dass die so genannte Entropie – ein Maß der freien Energie oder, wenn man so will, der Unordnung – in einem *geschlossenen* System nicht abnehmen kann. Die Erde aber ist kein geschlossenes System: Sie empfängt Wärme und Licht von der Sonne und strahlt Wärme zurück ins All.

These 8: Die Datierung von Gesteinen und Fossilien ist unzuverlässig, weil niemand weiß, wie viele Atome eines radioaktiven Kerns und wie viele Atome seiner Zerfallsprodukte bereits in dem Material vorhanden waren, als es geformt oder tief in der Erde begraben wurde. Antwort: Bei vielen Verfahren kann man vernünftige Annahmen dazu machen. Bei der Kalium-Argon-Methode zum Beispiel dürfte in den Gesteinen kaum etwas vom Tochterprodukt Argon vorhanden gewesen sein, als sie aus einer Schmelze erstarrten, weil das Edelgas entwichen wäre. Bei der Radiokarbon-Methode entsprach der Anteil des radioaktiven Kohlenstoff-14 beim Tod des Lebewesens dem Gehalt in der Luft. Für viele Schwierigkeiten bei der Datierung gibt es clevere Lösungen. Und bei besonders wichtigen Fossilien wachen Forscher eifersüchtig übereinander und machen Fehler eines Konkurrenten sofort publik.

These 9: An manchen Stellen der Erde wurden menschliche Fußabdrücke direkt neben Dinosaurier-Spuren entdeckt. Antwort: Solche Behauptungen beziehen sich vor allem auf das Paluxy-Flussbett in Texas. Die »menschlichen« Spuren waren aber entweder auch längliche Dinospuren, durch natürliche Erosionsprozesse entstanden oder gefälscht.

These 10: Wenn die Bibel in ihren historischen und wissenschaftlichen Aussagen nicht recht hat, dann sind auch ihre Heilsversprechen unglaubwürdig. Antwort: Darauf kann man eigentlich nicht aus wissenschaftlicher Perspektive antworten. So viel zum Trost – die Bibel dient vor allem als spirituelles Dokument des Glaubens zweier Weltreligionen; Fehler in wissenschaftlichen Details müssen daher die eigentliche Botschaft nicht entwerten.

Diese Antworten auf die kreationistischen Thesen können selbstverständlich die Diskussion nicht beenden. Wer es darauf anlegt, wird für jeden der obigen Punkte weitere Erwiderungen auf den Webseiten der Schöpfungswissenschaftler finden. »Gewinnen« kann die etablierte Wissenschaft den Kampf also eigentlich nicht. Zumal es den Kreationisten in vielen Fällen offenbar vornehmlich darum geht, Aufmerksamkeit zu erregen. »Damit eine Behauptung wissenschaftlich widerlegbar sein kann, muss sie die Möglichkeit haben, wahr zu sein«, schreibt zum Beispiel ein zufriedener William Dembski in seinem Buch *Intelligent Design*. Eigentlich streben die Kreationisten also nur nach der Illusion, auf Augenhöhe mit der etablierten Wissenschaft zu stehen.

Dem dient auch ihre Strategie, Forscher so lange falsch zu zitieren, bis diese sich wehren und dabei vielleicht sogar die Contenance verlieren. Dann verweisen die Kreationisten auf den Wortwechsel und erklären ihn zu einem Streitfall *innerhalb* der Wissenschaft. Diesen Gefallen, so scheint es, haben Forscher den Evolutionsgegnern schon oft getan, denn das Discovery Institute in Seattle drängt nun mit einem neuen Motto in die Schulen: »Teach the controversy« (Macht den Streit zum Gegenstand des Unterrichts). Eugenie Scott vom National Center for Science Education, die seit 20 Jahren gegen die These der Kreationisten kämpft, kann darüber nur den Kopf schütteln. »›Teach the controversy‹ ist eine absichtlich zweideutige Formulierung. Es heißt eigentlich: ›Macht den Schülern weiß, dass sich die Wissenschaftler streiten, ob die Evolution stattgefunden hat‹.« Aber das passiert doch gar nicht, sagt sie. »Gehen Sie mal in die Universitäten und fragen Sie die Professoren, ob es Streit darüber gibt, dass alle Lebewesen gemeinsame Vorfahren hatten. Die werden Sie verständnislos angucken.«

»Ein grobes und kindliches Bild von Gott«

7. Kapitel: Warum Intelligent Design und Kreationismus keine überzeugende Theologie abgeben

An den Tag vor seiner Erstkommunion kann sich Kenneth Miller noch gut erinnern. Er war acht Jahre alt und saß mit seinen Freunden rechts vom Gang in der kleinen Kirche seiner Gemeinde in New Jersey; links saßen die Mädchen. Vor ihnen stand Father Murphy, der Priester. Wie ein Fußballtrainer vor dem Länderspiel redete er auf die Kinder ein, betonte die Bedeutung des Sakraments, das sie am nächsten Tag erhalten sollten: das erste Abendmahl ihres Lebens und damit verbunden die Aufnahme in die römisch-katholische Kirche. Um Gottes Macht noch einmal auf den Punkt zu bringen, zupfte er eine Blume aus dem Altarschmuck und hielt sie den Kindern hin. »Seht, wie schön die Blume ist«, schwärmte der Priester, »die Bibel sagt, dass selbst Salomo niemals so prachtvoll aussah. Und wisst Ihr was? Kein Mensch kann erklären, wie eine Blume erblüht.« Nicht einmal die Wissenschaftler in den Labors, die Atome spalteten und Flugzeuge bauten, wüssten wie eine Pflanze Blüten erzeuge. Wie auch? »Blumen sind ein Werk Gottes, genau wie ihr«.

Dieser Gottesbeweis hat den kleinen Kenneth damals sehr beeindruckt, die Erinnerung schlummerte Jahrzehnte lang in seinem Hirn. Inzwischen ist Miller Biologie-Professor an der Brown University im US-Staat Rhode Island, einer der eloquentesten Verfechter der Evolutionslehre und immer noch gläubiger Katholik. Niemals würde es ihm einfallen, in diese Beschreibung seiner Person ein »trotzdem« oder »obwohl« einzufügen. Er ist weder Christ, »obwohl« er für die Evolutionslehre eintritt, noch hält er Darwins Theorie »trotz« seines Glaubens für richtig. Zwischen beidem gibt es für Miller keinen Widerspruch, sie ergänzen einander glänzend, wie er in seinem Buch *Finding Darwin's God* belegt, das auch die Anekdote über Father Murphy enthält. Miller zählt darin einige der vielen theologischen Argumente auf, die gläubige Christen und Vertreter der großen Kirchen finden, um die Thesen von Kreationisten und Anhängern der Lehre vom »Intelligenten Design« (ID) zu widerlegen.

Diese Argumente fallen in vier große Gruppen. Erstens: Die Behauptungen der Schöpfungswissenschaftler und ID-Vertreter schaden nicht der Evolutionslehre, sondern der Religion. Zweitens: Die Bibel wörtlich zu lesen ist falsch, denn die Geschichten darin enthalten zeitlose Wahrheiten. Drittens: Kreationismus und ID werten Gott und die Bibel ab. Sie machen Gott zum Hausmeister des Universums und die Bibel zu einem Fachbuch unter vielen. Viertens: Es gibt überhaupt keinen Widerspruch zwischen dem Glauben an Gott und den Lehren der darwinschen Theorie sowie den Ergebnissen der modernen Evolutionsforschung. Davon allerdings müssen sowohl fundamentalistische Christen als auch wissenschaftsgläubige Bürger sowie Forscher überzeugt werden, die wegen Darwins Lehre an der Schwelle zum Atheismus stehen oder ihn offen vertreten.

Ein Argument der ersten Gruppe, wonach Kreationismus und ID der Religion schaden, liefert Miller in seinem Buch gleich mit: im zweiten Teil der Anekdote um Father Murphy. Jahrzehnte später nämlich hört der Biologie-Professor bei einer Konferenz in Boston den Vortrag eines Kollegen aus Kalifornien. Dieser hat im Detail erkundet, wie Pflanzen Blüten herstellen. Sie funktionieren dazu ordinäre Blätter um; eine subtile Abfolge von biochemischen Signalen, gesteuert durch ein paar Gene, lässt die vier verschiedenen Zelltypen von Blüten wachsen. Der Kollege hat also den Priester aus Millers Jugend widerlegt.

Hätte sich der Glaube des Zellbiologen nun einzig auf den Gottesbeweis von Father Murphy gestützt, er wäre wohl in eine Krise geraten. Stattdessen hat Miller sozusagen eine intellektuelle Erleuchtung: Wer Gott »in den dunklen Ecken sucht, die das Licht der Erkenntnis noch nicht erreicht hat«, schreibt er, »fahndet an den falschen Orten«. Der Gott, den Father Murphy beschrieb, müsste die Natur verkrüppeln, um seine Macht zu zeigen. Nur wenn er immer wieder in Routineabläufe wie das Erblühen von Bäumen oder Blumen eingriffe, könnten ja die Menschen seinen Einfluss auf ihr Leben verstehen.

Ähnlich sieht es Eberhard Schockenhoff, Professor für katholische Moraltheologie an der Universität Freiburg. »Wenn Gott die alles bestimmende Wirklichkeit ist, lässt er sich nicht in die Leerstellen einer wissenschaftlichen Weltbeschreibung verbannen«, warnt er in einem Beitrag für die *Frankfurter Allgemeine Zeitung*. Und wenn die Vertreter der Lehre vom Intelligent Design versuchten, die *plan*mäßige Ordnung der Evolution als wissenschaftlich bewiesen darzustellen, dann leisteten sie dem Schöpfungsglauben einen zweifelhaften Dienst: Das »macht es den Gebildeten unter seinen Verächtern allzu leicht, sich in ihren Vorurteilen bestätigt zu fühlen«, schreibt Schockenhoff.

Aber es sind nicht nur die von Vorurteilen Geleiteten, denen der Glaube so abhanden kommen könne, sagt Kenneth Miller. »Strategisch betrachtet ist es kein guter Rat für Kreationisten, Wissenschaftlern zu sagen, was sie niemals herausfinden können. Im Allgemeinen verstehen wir nämlich wirklich, wie die Natur funktioniert.« Wer also Gott in den Lücken der wissenschaftlichen Erkenntnis sucht, liefert ihn den Gegnern der Religion aus. Sie müssten nur genau belegen, wie zum Beispiel die Evolution funktioniert, und hätten damit die Existenz Gottes widerlegt. Christen, warnt Miller, hätten dann einen Grund, die Zunahme des Wissens zu fürchten. Daher sei Kreationismus viel gefährlicher für die Religion als für die Wissenschaft.

Die zweite Gruppe von Argumenten wendet sich gegen die Kreationisten, die die Bibel wörtlich lesen und darum glauben, Gott habe die Welt vor gut 6000 Jahren in einer Woche geschaffen, die Dinosaurier seien in der Sintflut vor 4500 Jahren ertrunken und so weiter. Die Verfechter dieser Meinung betrachten sie nicht als Glaubensinhalt, sondern als wissenschaftlichen Ansatz. Daher müssen sie es sich auch gefallen lassen, dass ihre Gegner ihre Primärquelle so kritisch lesen wie ein Anwalt einen Vertragsentwurf. Was also steht noch einmal in den ersten drei Kapiteln der Genesis? Was wird da wann geschaffen? Im Schnelldurchlauf: Genesis, 1. Kapitel: Erster Tag: Himmel und Erde, Wasser, Licht, Trennung von Licht und Finsternis. Zweiter Tag: eine Feste zwischen den Wassern darüber und darunter, sie wird Himmel genannt. Dritter Tag: Wasser wird weiter geteilt, es entstehen Erde und Meer, Gräser, Kräuter, Bäume mit Frucht und darin enthaltenem Samen. Vierter Tag: Lichter am Himmel, Zeit und Zeiteinheiten, Sonne und Mond. Fünfter Tag: Fische und Vögel. Sechster Tag: Landtiere und Menschen, die über alle Tiere herrschen, Mensch nach dem Ebenbild Gottes, Mann und Frau.

Genesis, 2. Kapitel: Siebter Tag: Gott ruht, segnet und heiligt den siebten Tag. Dann wird der Zeitplan unklar: Es fehlen noch Bäume, es gibt noch keinen Regen, es entsteht Nebel, Gott schafft den Menschen aus einem Erdenkloß, haucht ihm eine Seele ein, Gott pflanzt den Garten Eden und setzt den Menschen hinein, dann schafft er den Baum des Lebens und den Baum der Erkenntnis, setzt den Menschen wieder in den Garten Eden und verbietet ihm, vom Baum der Erkenntnis zu essen. Dann beschließt Gott, dem Menschen eine Gefährtin zu schaffen, vorher aber lässt er ihn die Tiere benennen, dann nimmt er eine Rippe des Mannes und formt die Frau. Beide sind nackt und schämen sich nicht.

Genesis, 3. Kapitel: Die Schlange verleitet die Frau, und diese den Mann zum Sündenfall, Gott vertreibt beide aus dem Paradies, legt ihnen die Schmerzen der Geburt, harte Arbeit und Tod auf. Zwischendurch werden Disteln und Dornengewächse sowie Fellröcke geschaffen.

Daraus ergeben sich, wenn man den Bibeltext spitzfindig liest, schon etliche Fragen: Warum werden Himmel und Erde zweimal geschaffen, am ersten *und* zweiten beziehungsweise dritten Tag? Woher kommt das Licht, das Gott schon am ersten Tag schafft und von der Finsternis trennt, wenn Sonne, Mond und Sterne erst am vierten Tag geschaffen werden? Wann wird der Mensch geschaffen, am sechsten Tag (laut Genesis 1) oder nach dem siebten (laut Genesis 2)? Wann kommt die Frau dazu? Auch hier widersprechen sich die beiden Kapitel. Muss man Genesis also doch nicht wie eine Chronologie lesen, sondern wie ein Werk der Literatur, dessen Autoren einige Details noch nachträglich ausschmücken oder zumindest erhellen? Dann gibt es einige Ungereimtheiten, die aber womöglich durch Gottes Macht zu erklären sind: Wie können Gräser und Bäume wachsen, bevor die Sonne einen Tag später erschaffen wird? Wieso gibt es keinen Regen, wenn doch alle Elemente des Wasserkreislaufs vorhanden sind? Später erzählt die Bibel ja noch verwunderlichere Geschichten: Jona lebt im Bauch eines Wals, Lots Frau wird zur Salzsäule, Jesus speist mit sieben Broten 4000 Gläubige in der Wüste.

Wer solche Geschichten wörtlich nimmt, verpasst die Pointe, sagen viele Theologen. Michael Roberts, anglikanischer Priester im walisischen Chirk versucht das zunächst mit einem Wortspiel zu verdeutlichen: Die ersten Kapitel der Genesis legten den Fokus auf Gott, den Fels der Zeitalter, nicht auf das Alter von Felsen. Die Verse wiederholten neunmal die Worte:»Und Gott sagte«, betont Roberts.»Letztendlich geht es in Genesis 1 also um die Frage, wer da was gemacht hat, nicht wie er es gemacht hat.« Generell sei wörtliches Lesen eine Geißel der Sprache, schimpft Roberts, weil dabei die Ausdrucksweise und die Vorstellungskraft verloren gingen; Poesie zum Beispiel sei ohne sprachliche Phantasie unmöglich. Aus ähnlichen Gründen urteilt George Coyne, Jesuit und bis Sommer 2006 Leiter des Päpstlichen Observatoriums:»Biblischer Literalismus ist eine Plage in unsere Mitte. Bei der christlichen Botschaft geht es um Liebe.« Und auch Eberhard Schockenhoff, der Freiburger Moraltheologe, warnt:»Die Vorkämpfer des Kreationismus fallen hinter Grundeinsichten der modernen Bibelwissenschaft zurück, die zwischen dem bleibenden Glaubensinhalt der biblischen Botschaft und den kontingenten Darstellungsformen zu unterscheiden gelernt hat.« Oder wie es sein Kollege Armin Kreiner, Professor für Fundamentaltheologie an der Universität München, in einem Beitrag für die *Süddeutsche Zeitung* ausdrückt:»Aus evange-

111

likaler Perspektive steht in der Bibel geschrieben, was der unfehlbare Gott über uns Menschen denkt; aus liberaler Perspektive steht in der Bibel zu lesen, was fehlbare Menschen längst vergessener Zeiten über Gott dachten.«

Kreiner kann die Beweggründe der Kreationisten dabei durchaus nachvollziehen; er fasst sie unter dem Ausspruch zusammen: Wehret den Anfängen!»Wenn das biblische Zeugnis im Hinblick auf die ›ersten‹ Dinge irrt, warum – so argwöhnen Kreationisten – sollte es dann im Hinblick auf die ›letzten‹ Dinge als glaubwürdig gelten?«, schreibt er. Tatsächlich machen sich Kreationisten genau diese Sorgen (These 10, Kapitel 2). Aus dieser Weltsicht wäre nicht nur die Schöpfungsgeschichte durch die Evolutionslehre bedroht, sondern auch das Heilsversprechen der christlichen Botschaft, der Tod am Kreuz, die Vergebung der Sünden, das jüngste Gericht. Diese Verknüpfung aber ist nicht nur bedrohlich für die Religion, sie stellt auch den Kern des Christentums auf die Ebene bloßer Geschichtsschreibung – und wertet ihn damit ab. Das ist die dritte Kategorie der Argumente.

Gegen diesen Aspekt der kreationistischen und ID-Lehre haben sich besonders viele Theologen gewandt – in Essays, Interviews und auf Unterschriftenlisten. Das Clergy Letter Project zum Beispiel hat in den USA Unterschriften von über 10 000 Geistlichen der katholischen und der großen protestantischen Kirchen gesammelt.»Wir glauben, dass zu Gottes Geschenken der menschliche Geist gehört, der kritisch denken kann. Wer sich weigert, ihn zu benutzen, widersetzt sich damit dem Willen unseres Herren«, heißt es in dem Text, den alle unterzeichnet haben.»Zu argumentieren, Gottes liebevoller Plan des Heils schließe die vollständige Nutzung der gottgegebenen Vernunft aus, wäre ein Versuch, Gott zu beschneiden, eine Anmaßung.«

Weder Gott noch der Bibel, warnen Geistliche, werde der Versuch gerecht, die Lehre von der Schöpfung auf Biegen und Brechen in den Schulunterricht für Biologie zu integrieren. Dass das ein Fehler sei, sagte zum Beispiel Rowan Williams, Erzbischof von Canterbury und damit Oberhaupt der anglikanischen Kirche, dem

Londoner *Guardian*. Das ist,»als sei die Bibel nur eine Theorie neben den anderen Theorien«. Auch Eberhard Schockenhoff wehrt sich gegen die Entwertung der Heiligen Schrift:»Die Bibel ist kein primitives Buch der Naturkunde, sondern Urkunde des Heils, das Gott durch die Erschaffung der Welt und ihre Erlösung in Jesus Christus heraufführen möchte«, sagt er in seinem Beitrag für die *Frankfurter Allgemeine*.

Auch über die ID-Vertreter, die weniger eng am Text der Bibel kleben, regnet es Kritik. Sie behaupten schließlich, ein höheres Wesen habe es nötig gefunden, immer wieder in die Evolution einzugreifen.»Die Idee, dass Gott den Menschen gemacht hat, wie ein Bäcker einen Pfefferkuchenmann formt, entwirft ein grobes und kindliches Bild von Gott«, schimpft der anglikanische Geistliche Michael Roberts. Eine»Mischung an Kleingläubigkeit und Hochmut« bescheinigt Lutz van Raden, Mitglied der bayrischen Landessynode der evangelischen Kirche, den Kreationisten.»Was sie nicht begreifen, leugnen sie, was ihnen einleuchtet, erklären sie für Gottes Willen«, schreibt van Raden in einem Leserbrief an die *Süddeutsche Zeitung*:»Nicht höher darf er sein als alle menschliche Vernunft, schlüssig und fehlerfrei bauen sie ihm das Gebäude menschlichen Wissens. Mehr trauen sie ihm nicht zu.«

Auch Darwin selbst hatte dieses Bild Gottes abgelehnt:»Haben wir denn das Recht anzunehmen, dass der Schöpfer mit intellektuellen Fähigkeiten arbeitet, die denen des Menschen gleichen?«, fragt er in seiner *Origin of Species*. In der Tat ist schwer vorstellbar, warum Gott es für nötig befunden haben sollte, wie ein Handwerker vier Milliarden Jahre lang immer wieder an Kreaturen herumzubasteln, die sich am Ende doch meist als untauglich erwiesen. Er wäre dann auch langsamer als der Mensch, der es zum Beispiel in vergleichsweise kurzer Zeit geschafft hat, aus dem Wolf den Hund mit allen seinen Rassen vom Yorkshire-Terrier bis zur Dänischen Dogge zu formen. Hatte Gott es nötig, für den Menschen zu trainieren?

Vielen Theologen fehlt an dieser Weltsicht zweierlei: die Liebe Gottes zu seinen Geschöpfen und die Freiheit des Menschen, sich für die christliche Botschaft zu entscheiden – denn nur dann bedeutet Glauben ja etwas. Die Dinosaurier-Forscherin Mary Schweitzer von der North Carolina State University, die nicht nur eine hervorragende Wissenschaftlerin ist, sondern auch Mitglied einer evangelikalen Kirche, sagt zum Beispiel in einem *Discover*-Portrait: »Das Wichtigste für Gott ist unser Glaube. Darum wird er es gar nicht erlauben, mit wissenschaftlichen Methoden bewiesen zu werden.« George Coyne, der ehemalige Leiter des päpstlichen Observatoriums, ergänzt: »Gott greift nicht dauernd ein, er lässt zu, nimmt Teil und liebt. Er teilt seine Schöpfungskraft mit dem Universum.« Und Kenneth Miller ergänzt: »Wenn er immer in Kontrolle bleibt, würde ein solcher Schöpfer seinen Kreaturen jede Möglichkeit nehmen, ihn zu erkennen und anzubeten – authentische Liebe erfordert Freiheit, nicht Manipulation.«

Eine engstirnige kreationistische Theorie jedoch stelle gerade die Bedingungen der geistigen und moralischen Freiheit in Frage, schreiben die Biologen Hubert Markl und Axel Meyer in einem Beitrag für die *Frankfurter Allgemeine*; Letzterer ist Evolutionsforscher an der Universität Konstanz, Ersterer war von 1996 bis 2002 Präsident der Max-Planck-Gesellschaft. Sie zitieren zum Beleg einen Satz Goethes: »Sobald wir dem Menschen die Freiheit zugestehen, ist es um die Allwissenheit Gottes geschehen, denn sobald die Gottheit weiß, was ich tun werde, bin ich gezwungen zu handeln, wie sie es weiß.« Wer also den Menschen eine bewusste Entscheidung für ihren Glauben zugesteht, kann schlecht einen Gott postulieren, der sich dauernd einmischt.

Ohnehin sei es besonders für einen gläubigen Wissenschaftler unakzeptabel, zwischen Religion und Forschung wählen zu müssen, sagt Francis Collins, der das Projekt zur Entschlüsselung des menschlichen Genoms geleitet hat. »Von jemandem zu erwarten, dass er (die genetische Forschung) aufgibt, um seine Liebe zu Gott zu zeigen – was für eine fürchterliche Wahl«, zitiert ihn die *New York Times*. Wissenschaftler wie Collins und Miller sowie viele Theologen bekräftigen daher ihre Überzeugung, zwischen der Evolutionstheorie und dem Glauben an Gott gebe es gar keinen

Widerspruch – das vierte Glied in der Argumentationskette. Und so betont auch der Erzbischof von Canterbury beim Interview mit dem *Guardian*:»Während des größten Teils der christlichen Geschichte war man sich im Klaren darüber, dass der Glaube an den kreativen Akt Gottes sich gut verträgt mit einem gewissen Spielraum, wie genau sich die Schöpfung abgespielt hat.« Um dagegen die Position der katholischen Kirche zu verstehen, muss man etwas tiefer in die offiziellen Dokumente des Vatikans tauchen. Je nachdem, was man daraus zitiert, lassen sich sowohl die Vereinbarkeit als auch die Unvereinbarkeit von Evolution und Glauben mehrfach begründen. Der Wiener Kardinal Christoph Schönborn hatte einige Monate, nachdem sein Freund und Kollege Joseph Ratzinger zum Papst gewählt worden war, aus Schriften zitiert, die eher einen Konflikt zwischen Wissenschaft und Kirche nahelegen.

Benedikt XVI. hat sich noch nicht selbst umfassend zu dem Thema geäußert, doch hat er zum Beispiel bei der Amtseinführung gesagt, der Mensch sei kein beiläufiges und bedeutungsloses Produkt der Evolution. Später nannte er die Schöpfung des Universums ein»intelligentes Projekt«, was sicherlich die Freunde der ID-Lehre gefreut haben dürfte.

Wie das zu verstehen sein könnte, zeigt ein Dokument, das die Internationale Theologenkommission in Rom im Juli 2004 unter Ratzingers Vorsitz verabschiedet hat. Es fasst in Absatz 63 ff. den wissenschaftlichen Kenntnisstand zusammen, dass alle Lebewesen der Erde aus einer Urzelle hervorgegangen und somit genetisch verwandt seien. Es zitiert dann die Äußerung von Papst Johannes Paul II. aus dem Jahr 1996:»Neues Wissen führt dazu, die Theorie der Evolution als mehr als eine bloße Hypothese zu betrachten.« Das dürfe man aber nicht als»pauschale Zustimmung zu allen Theorien der Evolution lesen«, warnt der Text,»einschließlich derer Neo-darwinistischer Prägung, die der göttlichen Fügung ausdrücklich eine wirklich kausale Rolle bei der Entwicklung des Lebens im Universum aberkennen.« Die Doktrin der Schöpfung des Menschen *ex nihilo*, aus dem Nichts, dürfe nicht angetastet werden.

In diese Zeilen der Ratzinger-Kommission kann man zunächst viel hineinlesen: Steht nun die Bestätigung der Wissenschaft im Vordergrund oder der Eingriff Gottes? Gibt es da einen Konflikt? Eine Antwort liefert Absatz 69: »Es ist wichtig festzustellen, dass nach dem katholischen Verständnis göttlicher Kausalität eine wirkliche Kontingenz in der Ordnung der Schöpfung nicht inkompatibel ist mit einer zielgerichteten göttlichen Vorsehung. Göttliche Kausalität und geschaffene Kausalität unterscheiden sich radikal in ihrem Charakter, nicht nur in der Ausprägung. Daher kann sogar das Ergebnis eines wirklich kontingenten Prozesses in Gottes Plan für die Schöpfung passen.« Zur Erinnerung: »kontingent« bedeutet, dass der Prozess der Evolution nicht vorbestimmt war. Ratzingers Kommission hat also den Zufall akzeptiert.

Wie die Ex-nihilo-Doktrin und die Evolution zusammenpassen könnten, hatte zuvor schon Papst Pius XII. in seiner Enzyklika *Humani Generis* vom August 1950 skizziert: Der Körper des Menschen könne wohl ein Produkt der Evolution sein, »aber der katholische Glaube zwingt uns zur Ansicht, dass die Seelen unmittelbar von Gott geschaffen werden«, heißt es in Absatz 36 des Lehrschreibens. Das wird manchen Gehirnforschern nicht schmecken, die nach der materiellen Basis des Bewusstseins suchen, und jegliche geistige Regung des Menschen auf physikalische Prozesse zurückführen wollen. Aber die meisten Forscher, ob gläubig oder nicht, werden sich mit der Differenzierung zwischen Körper und Seele abfinden können.

Auch Benedikt XVI. könnte auf diese Linie hinsteuern. Er hatte Anfang September 2006 etwa 40 Forscher in seine Sommerresidenz Castel Gandolfo eingeladen, um über »Schöpfung und Evolution« zu diskutieren. Die Grundstimmung war eher kritisch gegen Darwins Lehre, berichteten Teilnehmer hinterher, aber sie sagten auch, der Papst sei »kein Kreationist«. Der Organisator des Treffens im so genannten Schülerkreis des ehemaligen Professors Joseph Ratzinger, sein emeritierter Kollege aus Regensburg Stephan Otto Sander ergänzte, Benedikt sei »von der Vereinbarkeit von Schöpfung und Evolution überzeugt«. Ein Anzeichen für die mögliche Linie des Papstes hatte vor dem Seminar wiederum Kardinal Schönborn gegeben: Der italienischen Zeitung *Il Foglio* sagte er, die Evolutionstheorie im engen Sinn der darwinschen Lehre könne »Freiheit und Verantwortung« des Menschen nicht erklären. Geist, Wille und Intelligenz hätten zwar biologische Voraussetzungen, aber die genügten nicht, um zu verstehen, warum allein der Mensch über seine Gaben reflektieren könne. Auch das verstärkt die Position aus *Humani Generis*, dass es der katholischen Kirche genügt, Gottes Einfluss auf die Entstehung des Menschen allein in den höheren Geistesgaben zu erkennen. Jedenfalls ist diese Äußerung Schönborns viel zahmer, als sein Kommentar in der *New York Times* es gewesen war.

Ein Konflikt zwischen Evolution (oder Wissenschaft im Allgemeinen) und Religion ist damit für die katholische Kirche anscheinend ausgeräumt. Daran liegt dem Papst offenbar viel. Er scheint vermeiden zu wollen, dass die Evolutionsbiologen Gott und die Religion schlicht für überflüssig erklären wollen. Darin stützt ihn der pointierteste Vertreter der Evolutionstheorie bei dem Seminar in Castel Gandolfo, Peter Schuster, Chemiker und Präsident der Österreichischen Akademie der Wissenschaften. Er hatte vor dem Treffen einem katholischen Online-Dienst gesagt: »Biologie widerlegt keinesfalls die Idee, dass es einen Schöpfer gibt«, der Rahmenbedingungen und Naturgesetze vorgegeben habe. »Evolution und christliche Lehre können perfekt übereinstimmend sein.«

Den Konflikt, den Schuster vermeiden will, schüren etliche seiner Kollegen aber: Wenn zum Beispiel der Genforscher Francis Collins über seinen Glauben spricht, fragen ihn manchmal Kollegen, ob er sein Gehirn an der Tür abgegeben habe. Weniger sarkastisch hat Steven Weinberg, der 1979 den Nobelpreis für Physik erhalten hat, seine Beziehung zur Religion beschrieben: »Eine der großen historischen Erfolge der Wissenschaft ist es, die Macht der Religion geschwächt zu haben«, zitiert ihn die *New York Times*. »Die Erfahrung, ein Wissenschaftler zu sein, lässt Religion ziemlich irrelevant erscheinen.« Tatsächlich geben bei Umfragen nur zehn Prozent der führenden Wissenschaftler an, sie glaubten an einen Gott, der persönliche Gebete beantworten könne, hat das Wissenschaftsmagazin *Nature* 1997 geschrieben. »Die meisten Forscher ... denken nicht einmal genug darüber nach, um als praktizierende Atheisten zu zählen«, ergänzt Weinberg.

Doch gerade bei den Evolutionsforschern gibt es solche Atheisten, und zwar lautstarke: Richard Dawkins ist einer davon. Der Biologe sagt von sich: »Darwin macht es möglich, ein intellektuell befriedigter Atheist zu sein.« Und er spottet laut *New York Times* über die Begründung religiöser Kollegen für ihren Glauben: »Das beste, was sie vorbringen können, ist dass es keine Belege dagegen gibt. Das ist armselig: Wir haben keine Belege gegen alle möglichen Dinge und verschwenden trotzdem keine Zeit, daran zu glauben.«

»Die Ergebnisse der Evolutionsforschung dürfen nicht dazu dienen, irgendjemanden in seinem Glauben zu verletzen«, warnt dagegen Eugenie Scott, Direktorin des National Center for Science Education in Oakland, Kalifornien. Doch viele Christen verschreckt es, wenn Forscher über Gottes Spielraum spekulieren, und lehnen dann sämtliche wissenschaftlichen Erkenntnisse ab. So könnte auch Stephen Hawkings Ausspruch Abwehrreaktionen auslösen: In seiner *Kurzen Geschichte der Zeit* schreibt der britische Physiker, er könnte in den Geist Gottes schauen, wenn er eine gute Theorie der Schwerkraft fände, in der sich Einsteins Relativität und Heisenbergs Quantentheorie widerspiegeln.

»Dass Darwin zwangsläufig auf einen Atheismus hinausläuft, ist mehr als fraglich,« schreibt der katholische Theologe Armin Kreiner in der *Süddeutschen Zeitung*, »allein schon deshalb, weil in diesem Fall Darwin selbst die Pointe seiner Theorie entgangen wäre.« Es bemühen sich inzwischen aber auch viele Forscher, das Verbindende von Wissenschaft und Religion darzustellen. Das beginnt mit der gemeinsamen Geschichte: »Das Konzept eines geordneten Universums, dessen Ordnung man verstehen und auf die man sich verlassen kann, hat sich weitestgehend aus religiösen Ansichten über die Natur Gottes entwickelt«, sagt John Barrow, Mathematik-Professor an der Universität Cambridge, der 2006 den

Templeton-Preis erhalten hat, eine hoch dotierte, renommierte Auszeichnung für Forschung mit spirituellen Implikationen.

Zudem verlasse sich die Bibel viel weniger auf übernatürliche Erklärungen, als viele Wissenschaftler annehmen, erklärt Steven Barr, Professor für Theoretische Teilchenphysik an der University of Delaware. Das zeige sich schon in Psalm 148, Vers 6, der von Sonne, Mond und Sternen handelt: »Er lässt sie bestehen für immer und ewig; er gab eine Ordnung, die dürfen sie nicht überschreiten.« In einem Vortrag erklärte Barr im Jahr 2002: »Auch die Affäre um Galileo war keine Debatte um das Übernatürliche: Die geozentrische Erklärung, die die Kirche vertrat, war nicht übernatürlicher als das heliozentrische Weltbild, das sie verdammte. Es war der Konflikt zwischen zwei naturalistischen Theorien der Astronomie.« Das geozentrische Weltbild war lediglich von dem Glauben an übernatürliche Mächte inspiriert – und falsch.

Heutzutage nähern sich Wissenschaft und Religion sogar wieder an, davon ist Barr überzeugt. Die wissenschaftliche Theorie vom Urknall habe schließlich eine gewisse Ähnlichkeit mit dem Schöpfungsmythos. Und wenn Physiker wie Hawking nach einer gemeinsamen Erklärung für Schwerkraft und Quantenphysik suchten, also gleichsam nach der Weltformel, dann betrachteten sie die Schönheit und Eleganz der erdachten Theorie explizit als Qualitätsmerkmal. Zudem sei das Vorgehen von Gläubigem und Wissenschaftler letztlich ähnlich: »Beide akzeptieren vorgegebene Fakten«, schreibt Barr, das Wort »Daten« stamme ja von »geben«. »Und das Akzeptieren der Daten muss den Fortschritten beim Verstehen vorausgehen«. Schon Augustinus habe gesagt: »Credo ut intelligam«, ich glaube, um zu verstehen. Und oft genug, sagt der Physiker, »ist ein Wissenschaftler absolut überzeugt, dass es eine verstehbare Antwort gibt, ... die er noch nicht sehen kann.«

Diese Verbindung zur Religion, oder mindestens zu einer im christlichen Abendland geprägten Philosophie, ist bei den meisten Wissenschaftlern verschüttet. »Es gibt keine philosophiefreie Wissenschaft, sondern nur solche, bei der die philosophische Fracht ohne Prüfung an Bord genommen wird«, schreibt der Kognitions-

119

forscher Daniel Dennett in *Darwin's Dangerous Idea*. Wer sich dessen bewusst wird, erkennt, dass ihn mehr mit den Vertretern von Kreationismus und ID verbindet, als es zunächst scheint. Nicht die konkreten Thesen, aber sicherlich der weltanschauliche Hintergrund. Das erleichtert womöglich das ruhige Argumentieren über religiöse und wissenschaftliche Thesen.

Darum kann der Münchner Theologe Armin Kreiner durchaus den Ausspruch von Richard Dawkins umdrehen und behaupten, dank Darwin könne er ein »intellektuell befriedigter Christ« sein. Wer Darwins Lehren aber ablehne, stehe vor dem Dilemma, »was Gott dazu bewogen haben könnte, eine Welt zu erschaffen, in der zwar der Darwinismus falsch ist, die Indizien für ihn aber überwältigend sind«.

Blind für die Beweise, taub für die Sorgen

Ausblick: Wie es mit Intelligent Design und der Wissenschaft weitergeht

Judge John E. Jones III hätte es sich wahrscheinlich niemals träumen lassen, einmal als liberaler Aktivist bezeichnet zu werden. In den USA ist das ein Schimpfwort, kaum weniger beleidigend und abträglich für die Karriere, als in der McCarthy-Zeit »Kommunist« genannt zu werden. Das Wort »Aktivist« wird gern mit Abscheu in der Stimme gesprochen, die Amerikaner bezeichnen damit vornehmlich Mitbürger aus dem linken Spektrum, die ihre politische Überzeugung angeblich über Sachargumente stellen. Unerhört daher, dass ein solcher Vorwurf dem Richter Jones gelten sollte. Er hatte schließlich sein politisches Leben im Dienst der konservativen republikanischen Partei verbracht, bevor er 2002 auf der Richterbank im »US-District Court for the District of Middle Pennsylvania« Platz nahm. Ernannt wurde er vom republikanischen Präsidenten George Bush, der sich als wiedergeborener Christ versteht. Jones selber besucht eine lutherische Kirche – aber nicht jeden Sonntag, wie er in einem Interview sagte.

Ein konservativer Richter mit religiösem Standpunkt – die Beklagten in einem spektakulären Prozess hatten sich deswegen zunächst Hoffnung gemacht. Jones hatte den Vorsitz im Verfahren *Kitzmiller v. Dover Area School District* per Losentscheid in seinem Richterkollegium übernommen. Streitgegenstand war ein Beschluss des Schulausschusses von Dover, Pennsylvania: Das Gremium hatte die Biologielehrer der örtlichen High School verpflichtet, den Neuntklässlern einen Text zum Thema Evolution vorzulesen, der Intelligent Design als wissenschaftliche Theorie lobte und das Schulbuch *Of Pandas and People* anpries[19]. Dagegen hatten etliche Eltern geklagt, unter anderem die genannte Tammy Kitzmiller. Beide Seiten erhielten prominente Unterstützer: der Schulausschuss vom Discovery Institute in Seattle, dem intellektuellen Zentrum der ID-Bewegung; die Eltern vom National Center for Science Education in Oakland, das Eugenie Scott leitet – eine Gruppe, die gern als liberal und aktivistisch kritisiert wird.

Jones gab den Klägern im Dezember 2005 recht: Er bezeichnete Intelligent Design als religiös motiviert, als Fortsetzung des Kreationismus und als unwissenschaftlich. Die Bestimmung des Schulausschusses sei verfassungswidrig, weil die amerikanische *Constitution* öffentlichen Schulen religiöse Lehrinhalte verbietet. Der Richter schrieb unter anderem in sein Urteil, ID habe »seine Basis in der Theologie, nicht in der Naturwissenschaft«.

Mit dem Urteil machte sich der Richter die Konservativen zum Feind. Das Discovery Institute gab den Schlachtruf vom »Activist Judge« aus, das konservative Sender-Netzwerk Fox News stimmte in die Richterschelte ein. William Dembski schäumt im Vorwort eines als Taschenbuch neu veröffentlichten Werks: Das Urteil sei »der Trick eines Aktivisten-Richters, der kein Recht hat, wissenschaftliche Fragen per juristischem Gebot zu entscheiden«. Die *New York Times* hingegen verteidigte Jones: »Er wird für seine Integrität und seinen Intellekt gelobt. Tatsächlich sind, wie der Richter betont hat, die wirklichen Aktivisten in diesem Fall die schlecht beratenen Mitglieder des Schulausschusses gewesen.« Und das Magazin *Time* wählte Jones im Mai 2006 zu einem der »100 Menschen, die unsere Welt formen« – zusammen mit dem Papst, der Frauenband Dixie Chicks und Jimmy Wales, dem Gründer des Internet-Lexikons Wikipedia.

In seinem 139-seitigen Urteil beantwortet der Richter auch die eine Behauptung der ID-Verfechter, die wir in Kapitel 6 ausgelassen hatten, wie aufmerksame Leser vielleicht bemerkt haben: Man könne von Design in der Natur auch sprechen, ohne die Identität des Designers zu klären (These 16). Michael Behe hatte im Prozess ausgesagt, die »offizielle Position« seiner Lehre bestätige nicht, dass der Designer Gott ist – er persönlich glaube es aber.

Jones schrieb dazu:»Obwohl die Verfechter von ID manchmal andeuten, der Designer könnte ein Außerirdischer oder ein Zellbiologe auf einer Zeitreise sein, haben sie keine ernsthafte Alternative zu Gott als dem Designer vorgeschlagen.«Behe hatte sich im Zeugenstand sogar zu der Aussage hinreißen lassen,»dass die Plausibilität der Argumente für ID davon abhängt, wie sehr jemand an die Existenz Gottes glaubt«[20]. Dass die ID-Verfechter den Designer nicht benennen, schloss Jones, sei»taktisch«bedingt.

Der Richter hat damit eine Linie vorgegeben, die sehr viele Wissenschaftler (und der Verfasser dieses Buchs) unterstützen: Es gibt keine Toleranz für gläubige Christen, die versuchen, mit religiös motivierten, pseudo-wissenschaftlichen Argumenten Schüler in öffentlich anerkannten Schulen zu verdummen. Glauben an ein religiöses Dokument kann das durch Forschung erworbene Wissen nicht ersetzen. Umgekehrt spricht die Wissenschaft als solche keinem Menschen seinen Glauben ab. Die Evolutionstheorie»steht weder im Widerspruch zur Existenz eines göttlichen Schöpfers, noch bestreitet sie diese«, schreibt Jones. Und:»Um es abzuschließen und zu wiederholen, wir drücken hier keine Meinung über die letztendliche Wahrheit von ID als übernatürlicher Erklärung aus.« Letztlich heißt das: Man soll Wissenschaft und Religion nicht vermischen, keinen Konflikt zwischen ihnen herbeireden. Während Letztere übernatürliche und spirituelle Deutungen für das Weltgeschehen anbietet, sucht und findet Erstere natürliche Erklärungen.

Verfechter der Evolutionstheorie haben das als historischen Sieg gefeiert. Nach diesen klaren Worten»hat Intelligent Design in offiziellen Regeln und Gesetzen keine Chance mehr«, sagte Eugenie Scott kurz nach dem Richterspruch in der *Süddeutschen Zeitung*. Dagegen kündigte William Dembski in dem zitierten Vorwort trotzig an, lokale Gruppen überall in den Vereinigten Staaten kämpften dafür, in den Schulen Platz für ID zu schaffen. Weil der Supreme Court nicht über eine Revision des Dover-Urteils verhandeln werde, sei der Präzedenz-Charakter der Entscheidung begrenzt.

Diese juristische Aussage darf man getrost für Pfeifen im dunklen Wald halten, doch mit der ungebrochenen Unterstützung für Intelligent Design hat Dembski offenbar recht – auch wenn in Dover der gescholtene Schulausschuss inzwischen abgewählt worden ist. »ID bleibt eine Idee, die in der Öffentlichkeit sehr beliebt und verbreitet ist«, sagt Eugenie Scott. Und Judge Jones hatte in seinem Urteil geschrieben: »Wir bezweifeln nicht, dass viele führende Vertreter von ID aus gutem und tief empfundenem Glauben ihre gelehrten Bemühungen verfolgen. Wir bestreiten auch nicht, dass ID weiterhin untersucht, debattiert und diskutiert werden sollte.« Nur eben nicht in der Schule.

Woher aber kommt die Bereitschaft vieler Amerikaner, diese Lehre weiter zu verfolgen? Oder sollte man vielleicht von ihrer Sehnsucht sprechen, einen wissenschaftlich klingenden Unterbau für den eigenen Glauben zu finden? Immerhin zeigt ja die Tatsache, dass die ID-Verfechter ihre Lehre wissenschaftlich kostümieren, dass sie die Hegemonie der Wissenschaft über Argumentationsmuster anerkennen. Ernan McMullin, Wissenschaftsphilosoph an der Notre Dame Universität, ermahnt daher seine Kollegen, mit mehr Selbstbewusstsein und größerer Offenheit die Debatte mit Kreationisten zu suchen. »Ich denke, (die Wissenschaftler) sehen sich gern als verfolgte Minderheit, und nicht als die dominierende Kraft in der Kultur, die sie sind«, sagte er der *New York Times*.

Zum Teil lässt sich das Verhalten vieler Amerikaner mit der Keil-Strategie (»wedge«) erklären, die das Discovery Institute ausgegeben hat. Sie ist zum Beispiel durch ein Buch von Barbara Forrest aufgedeckt worden (*Creationism's Trojan Horse*), einer Professorin von der Southeastern Louisiana University, die auch im Dover-Prozess ausgesagt hat. Demnach will es das Discovery Institute laut seinem »Strategischen Fünf-Jahres-Plan« erreichen, dass »die Wissenschaft, wie sie heute praktiziert wird, durch theistische und christliche Wissenschaft ersetzt wird« – so zitiert Richter Jones aus den Dokumenten. Man wolle »den wissenschaftlichen Materialismus samt seiner zerstörerischen moralischen, kulturellen und politischen Hinterlassenschaften besiegen«. Das ist kein selbstgefälliges Gerede: Die Finanzkraft und Organisationsmacht, die hinter diesem Plan und dem Institut stehen, können die ID-Lehre und den Widerstand gegen die Evolution überall dorthin tragen und überall dort propagieren, wo sich Eltern von Schulkindern dafür interessieren.

Was das bewirkt, haben viele amerikanische Lehrer erfahren müssen. Nach einer Umfrage des nationalen Verbands der Wissenschaftslehrer ist ein Drittel der amerikanischen Pädagogen schon wegen Evolution im Unterricht angegriffen worden. Argumente für diese Streitgespräche liefert das Discovery Institute mit großer Beharrlichkeit. Nicht wenige Lehrer, so muss man vermuten, haben dem Druck nachgegeben oder gleich auf das Thema verzichtet, um keinen Ärger zu bekommen. Wie man das macht, kennen viele Deutsche aus dem Geschichtsunterricht: Irgendwie reicht immer wieder die Zeit am Schuljahresende nicht, um die Nazizeit zu behandeln.

Der organisierte Widerstand gegen die darwinsche Theorie hat in den USA aber tiefere Ursachen als die Wedge-Strategie: Offensichtlich fühlen sich viele Amerikaner in ihren Grundüberzeugungen von der Evolutionslehre im Besonderen und von der Wissenschaft im Allgemeinen bedroht. Viele prominente Wissenschaftler haben das Gefühl beschrieben und erklärt. »Je mehr das Universum verständlich erscheint, desto mehr wirkt es auch sinnlos«, hat der Physik-Nobelpreisträger Steven Weinberg in der *New York Times* gesagt. »Wissenschaftler präsentieren einen Blick auf die Welt, der komplizierter und weniger ethisch verankert ist, und viele Leute haben Probleme, das zu akzeptieren«, ergänzt David Baltimore, Nobelpreisträger für Medizin. Etwas mitfühlender beschreibt Owen Gingrich, Historiker an der Harvard-Universität, die Geisteshaltung seiner Landsleute: »Wissenschaft bietet einem nur einen sehr kalten Trost in Zeiten von Tod oder Krankheit.« Viele Christen mögen eine entseelte, rationale Welt ohne höhere Mächte daher nicht akzeptieren. Sie wollen nicht auf eine Stufe mit der Tierwelt gestellt werden, sie beanspruchen eine herausragende Stellung für den Menschen. Da hilft es wenig, dass Darwin-

Biographen betonen, der große Forscher habe nicht den Menschen erniedrigt, sondern den Rest der Schöpfung emporgehoben. Amerikanische Zeitungen haben die Stimmung im Land in vielen Einzelheiten beschrieben. Ein *Washington Post*-Reporter hat zum Beispiel die bange Frage einer Studentin aufgezeichnet: Woher solle denn ein moralisches Grundkorsett kommen, wenn die Evolutionslehre den Glauben zerstört, der Mensch sei im Ebenbild Gottes geschaffen – und müsse seine Taten vor dessen Jüngstem Gericht rechtfertigen? Er hat die Sehnsucht erfasst, in einem Universum leben zu wollen, dessen ultimative Triebfeder Liebe ist, und nicht in einer Welt, die Lebewesen aufgrund von Zufällen zerstört, in der also Grausamkeit herrscht. »Das Maß an Leiden, das auf die natürliche Selektion zurückgeht, ist jenseits aller Vorstellungskraft«, bestätigt im gleichen Artikel der britische Evolutionsbiologe Richard Dawkins.

Verstärkt wird die Verbitterung vieler US-Bürger über die etablierte Wissenschaft durch Geschichten von Evolutionskritikern, die angeblich wegen ihrer Ansichten Stelle und Zukunftsaussichten verloren haben. Da ist zum Beispiel der Fall von Caroline Crocker, die als Biologin an der George Mason University in Virginia gelehrt – und in einem Kurs über Zellbiologie Intelligent Design angesprochen hatte. Es gab Beschwerden, und in der Folge wurde ihre befristete Stelle 2005 nicht verlängert. Das sei »eine Einschränkung der akademischen Freiheit«, beschwerte sie sich im Wissenschaftsmagazin *Nature*. Die Hochschule allerdings bestreitet, dass Crocker abgestraft wurde und verweist ganz allgemein darauf, Lehrbeauftragte sollten doch bitte das lehren, wofür sie angestellt wurden: in diesem Fall Biologie statt Theologie.

Solche Anekdoten treffen in Amerika einen Nerv, ein tiefes Misstrauen gegen das Establishment, das die Menschen angeblich von oben herab behandelt oder in Kafka-Manier der Lebensgrundlage beraubt – sei es nun ein Weltkonzern, die CIA, die Hauptstadt Washington mit ihren Lobbyisten oder eben die Führungsetage einer Universität. In dem *Washington Post*-Artikel jedenfalls wollte eine junge Studentin an Crockers neuer Hochschule ihren Namen nicht neben ihren Zweifeln an der darwinschen Lehre in der Zeitung lesen. Sie wolle doch Tierärztin werden, erzählte sie dem Reporter mit Angst im Gesicht, den Traum könnten mächtige Wissenschaftler zerstören.

Angesichts dieser großen Emotionen kommt der Journalist zum Schluss: Wo die ID-Verfechter blind für die überwältigenden Beweise für die Evolution sind, zeigen sich Wissenschaftler taub für die Sorgen, welche Folgen die Evolutionslehre für die Gesellschaft hat.

Das Gefühl vieler Christen, ihr Glaube werde von der Wissenschaft angegriffen, wird von manchen, breit publizierten Projekten genährt, die gar nichts mit der Evolutionstheorie zu tun haben. Sie wählen sich Grundelemente des christlichen Glaubens zum Forschungsgegenstand – gerade so, als würden sie die Artussage oder die Legende von Atlantis untersuchen. Zum Beispiel die Sintflut: Historiker haben lange angenommen, die Geschichte im Alten Testament gehe auf den sumerischen Gilgamesch-Epos zurück, der von einer großen Flut berichtet, inspiriert vermutlich von Überschwemmungen der Flüsse des Zweistromlandes, Euphrat und Tigris. Doch inzwischen verlegen Naturwissenschaftler die Flut an eine andere Stelle: das Schwarze Meer. Dort könnte vor 7500 Jahren der natürliche Damm gebrochen oder überschwemmt worden sein, der das salzige Wasser im Bosporus zurückhielt. Mit großer Wucht stürzte es in den 150 Meter tiefer gelegenen Binnensee. Amerikanische Forscher haben Süß- und Salzwassermuscheln gefunden, die die These stützen; der Unterwasser-Archäologe Robert Ballard hat steinzeitliche Siedlungen am ehemaligen Ufer des Binnensees aufgespürt: »Noahs Haus entdeckt«, vermeldete der britische *Daily Telegraph*. Sogar die Strömung, die die Flutwelle ausgelöst haben könnte, haben Forscher per Computer simuliert. Das Wasser hätte Überlebende vom Nordufer des schwarzen Meers im Uhrzeigersinn an das heutige türkische Südufer getrieben – an den Berg Ararat, wo der Bibel zufolge die Arche landete.

Noch deutlich spekulativer ist die Sache mit der Vertreibung aus dem Paradies; sie hat sich im Juni 2006 aus der Kombination von wissenschaftlicher Forschung und journalistischer Lust am Spinnen von Geschichten zu einem *Spiegel*-Titel verdichtet. Fakt daran ist, dass der Berliner Archäologe Klaus Schmidt auf dem Hügel Göbekli Tepe im Südosten der Türkei bis zu 12 000 Jahre alte Tempel entdeckt hat: gewaltige T-förmige Pfeiler im Kreise angeordnet, ein Stonehenge der Steinzeitjäger, 6000 Jahre vor den Pyramiden. Hunderte von Arbeitern waren wohl nötig, die Tempel zu errichten; versorgt wurden sie durch systematische Jagd auf die gewaltigen Tierherden des fruchtbaren Graslands und ein ebenso systematisches Abernten wilder Getreidefelder, die die Bewohner vor dem Verbiss durch das Wild geschützt hatten – dieses Szenario jedenfalls zeichnet Schmidt in seinem Buch *Sie bauten die ersten Tempel*.

Vor 7500 Jahren gaben die Jäger den letzten ihrer Tempel auf und füllten ihn mit Schotter und Erde auf. Es war anscheinend ein bewusster Abschied von einem überkommenen Lebensstil. Offenbar waren sie sesshaft geworden, hatten mit dem Ackerbau begonnen und führten ein womöglich viel härteres Leben als ihre Vorfahren. Und damit beginnt die journalistische Spekulation: Vielleicht waren die gewaltigen Herden dezimiert, die wilden Felder überbeansprucht. Dann erlebten die Menschen den Umbruch in ihrem Lebensstil eventuell als Trauma. Und eine Legende, die den Wandel mystisch verklärte, könnte sich bis zu den Sumerern und von ihnen zu den Juden gehalten haben, die das Alte Testament schrieben: die Legende von der Vertreibung aus dem Paradies.

Für diese Verbindung zwischen Schmidts Ausgrabungen und der Bibel gibt es nur Indizien. Göbekli Tepe liegt im Hochland zwischen den Oberläufen von Euphrat und Tigris, die laut Genesis aus dem Paradies fließen; bei der Ausgrabung wurden Schlangensymbole gefunden; das sumerische Wort für Steppe lautet »Edin« und gab dem Garten womöglich seinen hebräischen Namen; und »Ti« bedeutet zugleich Rippe wie Leben – die gedankliche Verbindung zur biblischen Eva liegt nahe. Nur dass die Legende einige Tausend Jahre in mündlicher Tradition hätte überdauern müssen, bis die Sumerer die Schrift erfanden.

Auch am zentralen Symbol der Christenheit, dem Kreuz, rütteln die Forscher. Zwei Mediziner vom Imperial College in London haben im März 2006 die verschiedenen Theorien über die genaue Todesursache Jesu analysiert und dabei festgestellt, dass es keinerlei Belege für die kirchliche Darstellung der Kreuzigung gibt. Die Bibel schreibt in den Evangelien nichts von der Position des Hingerichteten am Kreuz, Nägel kommen nicht vor, nur die Apostelgeschichte erzählt, Jesus sei »ans Kreuz geschlagen« worden. Römische Zeitzeugen hingegen berichten von der grausamen Phantasie der Legionäre, die ihre Opfer in allen möglichen Winkeln und teilweise kopfüber an Kreuze banden oder nagelten. Der einzige archäologische Beweis zeigt den beiden Ärzten zufolge, dass die Ferse eines jungen Juden seitlich an das Kreuz genagelt wurde, während seine Hände und Arme frei von vergleichbaren Wunden waren. Aber es ließ sich nicht feststellen, ob er aufrecht oder kopfüber an seinem Kreuz hing. Richtig »knackig« wurde die Meldung dann durch die Überschrift, die die Nachrichtenagentur DPA erdachte: »Kruzifix vielleicht ein 2000 Jahre alter Irrtum«.

Diese Art von Formulierungshilfe hat Dean Hamer gar nicht nötig. Der Genetiker hat 2004 das Buch *The God Gene* veröffentlicht, in dem er Religiosität als genetisch bedingt erklärt. Das Gen VMAT2 zum Beispiel reguliere den Fluss von Chemikalien, die bei spirituellen Erfahrungen das Gehirn überschwemmen: bei der Meditation von Zen-Buddhisten wie den Gebeten katholischer Nonnen. Später räumt er im Buch allerdings ein, dass die Erbanlage allenfalls eine von vielen sei, die diese Art von Emotion reguliere. Hamer, der auch schon mal ein »Schwulen-Gen« gefunden haben wollte, steht damit in der Tradition von Forschern wie Michael Persinger, die religiöse Erlebnisse in Veränderungen der Hirnfunktion suchen. Der Professor von der kanadischen Laurentian University setzt Versuchspersonen einen Helm auf, der ihre Schläfe einem Muster elektromagnetischer Schwingungen aussetzt, weit schwächer als die Emission eines Föns, aber unvergleichlich komplexer. Und plötzlich empfinden die Probanden die Präsenz eines höheren Wesens.

Vilayanur Ramachandran wiederum, ein Neurologe aus San Diego, untersucht Epilepsie-Patienten. Paul zum Beispiel, der seit dem achten Lebensjahr immer wieder eine Art Gewitter im linken Schläfenlappen erlebt hat. Das hat ihm das Gefühl gegeben, eins zu sein mit dem Schöpfer, hat ihn helles Licht sehen lassen und ihm all die Zweifel genommen, die das Leben sonst für Menschen bereithält. Er habe »die Arroganz eines Bekehrten, aber nichts von der Bescheidenheit eines tief Religiösen«, schreibt Ramachandran in seinem Buch *Phantoms of the Brain*. Sarkastisch fragt er dann: »Würden Sie, als Arzt, so einem Patienten Medikamente geben wollen und damit seine Besuchsrechte beim Allmächtigen widerrufen?«

Und schließlich haben Forscher sogar begonnen, die Evolutionstheorie auf die Entwicklung der Religionen anzuwenden. Der Philosoph und Neuroforscher Daniel Dennett zum Beispiel argumentiert in seinem jüngsten Buch *Breaking the Spell*, die Rituale hätten ihren Anhängern Überlebensvorteile geboten. »Religionen sind außergewöhnlich gut angepasste Kulturphänomene, die sich entwickeln, um zu überleben«, sagte er in einem *Spiegel*-Interview. Ähnlich hatte schon 2002 der Evolutionsbiologe David Sloan Wilson von der Binghamton University im US-Staat New York im Buch *Darwin's Cathedral* argumentiert. »Religion ist ein kulturelles System, das Gemeinschaften hervorbringt und stabilisiert, Ausbeutung und Betrug minimiert«, erklärte er einem *Zeit*-Redakteur. »All diese Dinge, an die Menschen glauben, ohne dass es Anzeichen für ihre Existenz gibt – so eine Albernheit. Aber wenn man Glauben danach beurteilt, zu welchen Handlungen sie die Gläubigen veranlassen, dann haben die allermeisten der religiösen Systeme einen Sinn.«

Fassen wir zusammen: Religion ist albern, eine Einbildung, dient nur dem diesseitigen Vorteil ihrer Anhänger, vertritt Legenden als Glaubensbotschaften, benutzt falsche Symbole – kein Wunder, dass viele Christen nicht viel Gutes von der Wissenschaft erwarten. Verstärkt wird diese Botschaft von der Popkultur. Dan Brown lässt in seinem Roman *Illuminati* einen hohen Vertreter des Vatikan über den verlorenen Krieg mit der Wissenschaft klagen und über den hohen Preis, den die Menschheit dafür bezahle: Die Wissenschaft »zerschmettert Gottes Welt in immer kleinere Bruchstücke, auf der Suche nach dem Sinn … und alles, was sie findet, sind weitere Fragen.« Doch ohne spirituelle Führung könne die Menschheit nicht mehr zusammenleben. »Wenn wir als Spezies den Glauben an eine Macht aufgeben, die über uns steht, geben wir zugleich unser Verantwortungsgefühl auf.« Wo Religion auftaucht, muss sie zudem für Pointen herhalten, so dürfte es frommen Menschen vorkommen. So singt zum Beispiel der Entertainer Robbie Williams, er habe eine »Tonne egoistischer Gene«, in einem Lied mit dem Refrain: »Oh Lord, make me pure, but not yet« (Oh Herr, mache mich rein, aber jetzt noch nicht).

Zwar haben einige hellsichtige Forscher immer wieder betont, Religion und Wissenschaft erfüllten unterschiedliche Funktionen im menschlichen Leben. Der kürzlich verstorbene Evolutionstheoretiker Stephen Jay Gould zum Beispiel nannte sie »nicht-überlappende Magisteria«: beide hätten Autorität über getrennte Bereiche des Denkens. »Wir (die Wissenschaftler) untersuchen, wie die Himmel vorwärtskommen, sie bestimmen, wie man in den Himmel kommt«, schreibt er in einem Essay. »Ich glaube, von ganzem Herzen, an ein respektvolles, sogar liebevolles Konkordat zwischen unseren Magisteria. … Religion ist zu wichtig für zu viele Menschen, um den Trost, den sie bei der Theologie suchen, abzutun oder zu verunglimpfen.«

Aber dann machen sich Kontrahenten von anderen Hochschulen über solche Versuche lustig, einen Waffenstillstand zwischen Religion und Wissenschaft zu vermitteln. Wenn Wissenschaftler gläubig seien, sagte Daniel Dennett dem *Spiegel*, dann »weil sie nicht so genau hinschauen. Wir unterteilen die Welt gern, um Widersprüche zu vermeiden.« Ähnlich äußerte sich Richard Dawkins in der *Washington Post*, der darauf besteht, jeden möglichen Widerspruch intellektuell zu sezieren, statt ihn zu vermeiden: »Politisch ist es nützlich, so zu tun, als gäbe es keinen Konflikt zwischen Wissenschaft und Religion. Ich interessiere mich aber dafür, was wahr ist, nicht was politisch nützlich ist.«

Gleichzeitig wehrt sich der britische Denker gegen den Vorwurf, er vernichte die einzige Hoffnung auf eine bessere Welt, die in der Religion liege. Die Menschen, mahnt Dawkins, könnten sich als einzige Lebewesen gegen die mechanistische Gleichgültigkeit der Natur auflehnen. »Ich bin ein leidenschaftlicher Darwinist, wo es darum geht, zu erklären, wie die Dinge zusammenhängen, aber ich bin ein noch leidenschaftlicherer Anti-Darwinist, wenn es um die Politik geht. Lasst uns den Darwinismus verstehen, damit wir in die andere Richtung gehen können, wenn er eine Gesellschaft aufbauen will.« Darwins Lehre zu folgen bedeutet also für Dawkins nicht den Verzicht auf ethische Prinzipien.

Letztlich lässt sich der Konflikt, der den Aufschwung des Kreationismus begründet, auf die Aufklärung zurückverfolgen. Kant hatte sie als den »Ausgang des Menschen aus seiner selbstverschuldeten Unmündigkeit« definiert, für Max Horkheimer und Theodor Adorno war ihr Programm »die Entzauberung der Welt. Sie sollte die Mythen auflösen und Einbildung durch Wissen stürzen.« In dieser durch und durch rationalen Welt, in der auch jegliche menschliche Wärme allein auf die Gedankenkraft der Menschen zurückgeht, mögen Viele einfach nicht leben. Sie wollen nicht völlig entzaubert werden.

Den Konflikt, den das auslöst, hatte der Soziologe Max Weber schon 1922 in seinem Werk *Wirtschaft und Gesellschaft* beschrieben. »Je mehr der Intellektualismus den Glauben an die Magie zurückdrängt, und so die Vorgänge der Welt ›entzaubert‹ werden, ihren magischen Sinngehalt verlieren, nur noch ›sind‹ und ›geschehen‹, aber nichts mehr ›bedeuten‹, desto dringlicher erwächst die Forderung an die Welt und die ›Lebensführung‹ als Ganzes, dass sie bedeutungshaft und ›sinnvoll‹ geordnet sei.« Dabei heizen viele fromme Menschen den Streit einfach dadurch an, dass sie frömmeln, dass sie ihre »sinnvolle« Lebensweise absolut setzen und ihren Glauben mit fehlender Toleranz für andere Lebensentwürfe verknüpfen. Dieser mangelnden Rücksicht wiederum können auch die liberalsten Köpfe nicht nachsichtig begegnen – ebenso wie eine offene Demokratie wie die deutsche all jene politischen Strömungen bekämpfen muss, die die Grundordnung des freiheitlichen Staates missachten und abschaffen wollen. So wenig wie die pseudowissenschaftlichen Argumente der Kreationisten einen Platz im Klassenzimmer haben, so wenig können moderne Gesellschaften die Art von Theokratur akzeptieren, die christlichen Fundamentalisten anscheinend vorschwebt.

Wer gewinnt, ist allerdings offen. Sicherlich beherrscht die Wissenschaft das öffentliche Denken, und die Kreationisten haben auf Dauer keine Chance, die Debatten über ihre Thesen zu gewinnen. Aber womöglich kommt ihnen die Evolution selbst zu Hilfe. Der amerikanische Autor Phillip Longman hat vor Kurzem in einem viel beachteten Essay über den Wandel der westlichen Gesellschaften auf das einfache Faktum hingewiesen, dass die Familien mit konservativen, religiösen Werten mehr Kinder haben als liberale. So gesehen ist Kritik an der Evolution womöglich ein Evolutionsvorteil. »Das ist ein interessanter Vorschlag«, sagte dazu Richard Dawkins in der *Washington Post*. »Er könnte wahr sein.«

Anmerkungen

1 Erst in der zweiten Auflage seines Buches hat Darwin in diese Schlusspassage die Worte »by the Creator« eingefügt, also eingehaucht »durch den Schöpfer«, die sich daher auch in der offiziellen deutschen Übersetzung finden.

2 Das heißt übrigens für Eltern: Der eigene Beitrag zum Erbgut der Kinder ist geringer, als sie vielleicht annehmen. Was da in Spermien oder Eizellen steckte, die den Nachwachs erzeugten, enthält zwar die gleichen Bausteine, aus denen man selbst besteht. Aber es hat nicht unbedingt etwas mit den genetischen Entscheidungen zu tun, die die eigene Identität ausmachen: blaue Augen, schwarze Haare oder angewachsene Ohrläppchen. Vielmehr ist es so, dass die eigenen Eltern den physiologischen Vorgang der Meiose im Körper ihrer Kinder benutzen, um ihr Erbgut direkt an die Enkel durchzureichen.

3 Mayr bedient sich dabei eher dem alltäglichen Sprachgebrauch, wonach eine Tatsache mehr wert ist als eine Theorie. Wissenschaftler sehen das ja eher umgekehrt: Eine Theorie stützt sich auf Tatsachen und erklärt sie.

4 Ussher benutzte die hebräische Fassung des Alten Testaments. Die erste griechische Übersetzung, die Septuaginta, hätte seiner Chronologie 1500 Jahre hinzugefügt. Offenbar ein Übersetzungsproblem, obwohl der Legende nach 72 jüdische Gelehrte den Text der Thora unabhängig voneinander exakt gleich übertragen haben sollen. Usshers Rechnung funktioniert aber auch mit den Zahlen einer modernen deutschen Bibelübersetzung.

5 Das sind Begriffe aus der Tuchweberei.

6 Ohne die Spielregeln zu verletzen, kann man die Vermutung äußern, dass Henry Morris, der Vordenker der Kreationisten, mit dieser These die Grundangst seiner Glaubensfreunde ausgesprochen hat.

7 Der Sozialdarwinismus mit seinem Leitspruch vom »Überleben des Stärkeren«, auf den das anspielt, ist allerdings eine Fehlinterpretation der Evolutionstheorie und eine Übertragung auf ein ungeeignetes Feld, nämlich die Gesellschaftsform.

8 In den USA betragen die entsprechenden Zahlen 53 Prozent für die Schöpfung wie in der Bibel, 31 Prozent für die Steuerung der Evolution durch Gott und 12 Prozent für eine ungelenkte Entwicklung (September 2005).

9 Wiedergegeben nach Kutscheras Buch *Streitpunkt Evolution*.

10 Die Genetik sieht in einem Gen eine Abfolge von Nukleinsäuren zwischen einem Start- und einem Stoppsignal, das den Bauplan für ein Protein enthält. Für Dawkins dagegen ist ein Gen eine beliebig lange Folge genetischer Buchstaben, die es geschafft hat, unverändert von Körper zu Körper weitergegeben zu werden – egal welchen Zweck sie erfüllt.

11 Dawkins billigt den Genen also keinesfalls eine menschliche Eigenschaft zu, erkennt aber, dass sie sich so verhalten, als seien sie von Egoismus getrieben.

12 Das neudeutsche Verb »designen« ist sicherlich nicht die beste Übersetzung für »to design«. Um aber die Theorien von Michael Behe und seinen Mitstreitern adäquat darzustellen, wird es in diesem Kapitel wie ein deutsches Verb behandelt.

13 Behe spielt dabei auf einen nur halb humorvoll gemeinten Rat für Nachwuchsforscher an: Publish or perish – veröffentliche oder geh zugrunde!

14 Philosophischer Begriff für die Situation, dass etwas eine bestimmte Eigenschaft haben kann, aber nicht haben muss.

15 Erst in seinem Buch *No free lunch* von 2002 kalkuliert er den Fall der Bakteriengeißeln durch – indem er annimmt, die Proteine und Bauteile müssten sich per Zufall richtig zusammengesetzt haben. Das aber behauptet kein Vertreter der darwinschen Lehre.

16 Der Informationsgehalt eines Ereignisses ist gleich dem negativen Logarithmus zur Basis Zwei der Wahrscheinlichkeit: $I(E) = -\log_2 [P(E)]$.

17 Das ergibt sich aus der Zahl der möglichen Kombinationen von Materie im Universum: Dembski multipliziert die Menge der Elementarteilchen, der Zahl möglicher Interaktionen zwischen ihnen und die Zeit seit dem Urknall. Eine zufällig entstehende sinnvolle Kombination hätte demnach eine Wahrscheinlichkeit von 1 zu 10^{150} (eine Eins mit 150 Nullen), was nach der Formel oben jene 500 Bit ergibt.

18 Setterfields Werte bedeuten eine Steigerung der Lichtgeschwindigkeit um ein tausendstel oder ein hundertstel Prozent pro Jahr. Um aber das Licht der am weitesten entfernten Sterne im Weltall – rechnen wir mal mit 10 Milliarden Lichtjahren Entfernung – in 10 000 Jahren zur Erde bekommen, hätte sich die mittlere Lichtgeschwindigkeit um etwa 100 Millionen Prozent erhöhen müssen.

19 In dem Statement hieß es: »Weil Darwins Theorie eine Theorie ist, wird sie ständig überprüft, wenn neue Belege entdeckt werden. Die Theorie ist keine Tatsache. Es gibt Lücken in der Theorie, für die es keine Belege gibt. Eine Theorie ist definiert als vielfach überprüfte Erklärung, die eine große Zahl von Beobachtung vereinigt. Intelligent Design ist eine Erklärung für den Ursprung des Lebens, die sich von Darwins Ansichten unterscheidet. Das Nachschlagewerk *Of Pandas and People* ist für Schüler verfügbar, die daran interessiert sind zu verstehen, was Intelligent Design wirklich bedeutet.«

20 Behe hatte auch gesagt, nach seinem erweiterten Wissenschafts-Verständnis, das ID einschließe, sei auch Astrologie eine Naturwissenschaft.

Literaturverzeichnis

Michael J. Behe, Darwin's Black Box, Free Press, New York, 1996

Charles Darwin, The Origin of Species, Gramercy Books, New York, 1979 (Nachdruck der ersten englischen Auflage von 1859 mit Ergänzungen aus der sechsten englischen Auflage)

Charles Darwin, Charles Darwins's Beagle Diary, Edited by R. D. Keynes, Cambridge University Press, 2001

Charles Darwin, Die Fahrt der Beagle, Marebuchverlag, Hamburg, 2006

Percival Davis u. a., Of Pandas and People, Haughton Mifflin, Dallas, 2. Auflage 1993

Richard Dawkins, Das egoistische Gen, Rowohlt, Reinbek, 7. Auflage 2005

Richard Dawkins, Gipfel des Unwahrscheinlichen, Rowohlt, Reinbek, 2001

William A. Dembski, Intelligent Design, InterVarsity Press, Downers Grove, 1999

Daniel C. Dennett, Darwin's Dangerous Idea, Simon&Schuster, New York, 1995

Stephen Jay Gould, Illusion Fortschritt, Fischer Taschenbuch, Frankfurt, 3. Auflage 2004

Johann Grolle (Hg), Evolution – Wege des Lebens, DVA, München, 2005

Ulrich Kutschera, Streitpunkt Evolution, LIT Verlag, Münster, 2004

Lynn Margulis, Die andere Evolution, Spektrum Akademischer Verlag, Heidelberg, 1999

Ernst Mayr, Das ist Evolution, Goldmann, München, 2005

Kenneth R. Miller, Finding Darwin's God, HarperCollins, New York, 2002

Carsten Niemetz, Das Geheimnis des aufrechten Ganges, C.H. Beck, München, 2004

Eugenie C. Scott, Evolution vs. Creationism, University of California Press, Berkeley und Los Angeles, 2004

Studiengemeinschaft Wort und Wissen, Schöpfung (o)der Evolution, Hänssler-Verlag, Holzgerlingen, 4. Auflage 2004

Franz M. Wuketits, Darwin und der Darwinismus, C.H. Beck, München, 2005

Hans-Joachim Zillmer, Die Evolutionslüge, LangenMüller, München, 2005

Internetadressen

Behe:
www.arn.org/authors/behe.html
www.lehigh.edu/~inbios/faculty/behe.html

Darwin:
www.aboutdarwin.com
darwin-online.org.uk

Dawkins:
www.simonyi.ox.ac.uk/dawkins/WorldOfDawkins-archive/index.shtml

Dembski:
www.arn.org/authors/dembski.html
www.swbts.edu/faculty/wdembski
www.designinference.com

Discovery Institute:
www.discovery.org

Gould:
www.stephenjaygould.org

Institute for Creation Research:
www.icr.org

Miller:
www.millerandlevine.com/km/evol

Reduzierbar-Komplexe Mausefalle:
udel.edu/~mcdonald/mousetrap.html

Scott:
www.ncseweb.org

Studiengemeinschaft Wort und Wissen:
www.wort-und-wissen.de

Talk.orgins:
www.talkorigins.org

Bibliografische Information der Deutschen Bibliothek
Die Deutsche Bibliothek verzeichnet diese Publikation in der
Deutschen Nationalbibliografie; detaillierte bibliografische Daten
sind im Internet über http://dnb.ddb.de abrufbar

© 2007 Verlag Kreuz GmbH
Postfach 80 06 69, 70506 Stuttgart

www.kreuzverlag.de

ISBN 978-3-7831-2825-3

Paul Scheipers
Naturwissenschaft
und die Frage
nach Gott

NEUE ERKENNTISSE ÜBER
EINEN ALTEN KONFLIKT

KREUZ FORUM

Paul Scheipers
**Naturwissenschaft und
die Frage nach Gott**
Neue Erkenntnisse über
einen alten Konflikt
160 Seiten, Paperback
ISBN 978-3-7831-2592-4

Gibt es einen Gott?

Kernfragen jeglicher Religion können bis heute naturwissen-
schaftlich nicht korrekt bewiesen werden. Vielmehr zeigen
anerkannte Disziplinen wie Kosmologie, Quantenphysik oder
die Hirnforschung, dass auch die moderne Naturwissenschaft
in Dimensionen vorgestoßen ist, die nicht ohne Weiteres
streng wissenschaftlich erklärbar sind. Paul Scheipers erörtert
in diesem Buch zunächst exemplarisch das Vorgehen der
Naturwissenschaft, wirft dann zentrale religiöse Fragen auf
und prüft schließlich die Verbindungen, aber auch die
Trennungen zwischen beiden Bereichen.

www.verlag-kreuz.de

KREUZ